THOMAS R. YODER NEUFELD

Christus ist unser Friede

Den vielen, bekannt und unbekannt, die sich – aus Dankbarkeit für die Gnade Gottes, die sie in Christus erlebt haben – selbstlos und mutig für den Frieden einsetzen.

* * *

Ich bedanke mich von Herzen beim Theologischen Seminar Bienenberg für die Einladung zu den Vorträgen im Sommer 2005, die diesem Buch zugrunde liegen.

Mein besonderer Dank gilt Lukas Amstutz, dem es gelungen ist, mein ungeübtes Deutsch mehr als nur verständlich zu machen. Mängel oder Fehltritte, was Einsicht und Auslegung betrifft, stammen allein von mir.

Thomas R. Yoder Neufeld

Thomas R. Yoder Neufeld

Christus ist unser Friede

Die Kirche und ihr Ruf zu Wehrlosigkeit und Widerstand

Bearbeitet von Lukas Amstutz

Neufeld Verlag

Die Edition Bienenberg erscheint in Zusammenarbeit mit dem Theologischen Seminar Bienenberg, Liestal/Schweiz

www.bienenberg.ch

Die Deutsche Bibliothek verzeichnet diese Publikation in der Deutschen Nationalbibliografie; detaillierte bibliografische Daten sind im Internet über www.dnb.de abrufbar.

Umschlaggestaltung: spoon design, Olaf Johannson
Umschlagbild: © ShutterStock®
Satz: David Neufeld, Schwarzenfeld
Herstellung: AALEXX Druck GmbH, Großburgwedel

ISBN 978-3-937896-24-3, Bestell-Nummer 588 624

www.neufeld-verlag.de

NEUFELD VERLAG

Inhalt

Vorwort 6

1. Christus ist unser Friede 10

2. Wehrlosigkeit 26

3. Widerstand 46

4. Wie integrieren wir Widerstand und Wehrlosigkeit in unser Friedenszeugnis? 72

Zum Autor 92

Vorwort

Unter dem Titel »Christus ist unser Friede« fand vom 18. bis 19. Juni 2005 eine theologisch-praktische Tagung auf dem Bienenberg bei Liestal (Schweiz) statt. Das dort ansässige in täuferisch-freikirchlicher Tradition stehende *Theologische Seminar Bienenberg* schloss damals mit dieser offenen Veranstaltung das akademische Jahr des Master-Programmes ab, das zusammen mit dem *Theologisch-Diakonischen Seminar Aarau* (Schweiz) angeboten wird. Daneben wollten diese Studientage aber vor allem dazu anregen, über die Frage nachzudenken, wie ein glaubwürdiges christliches Zeugnis für den Frieden aussehen kann.

Wir freuen uns, dass wir mit dieser Publikation die vier Vorträge von Dr. Thomas R. Yoder Neufeld, Professor für Neues Testament und *Peace Studies* am *Conrad Grebel University College* in Waterloo (Kanada), einer breiteren Öffentlichkeit zugänglich machen können. Damit verbunden ist die Hoffnung, das begonnene Gespräch über den damaligen Kreis der TagungsteilnehmerInnen hinaus zu erweitern und zu vertiefen.

Wer das Thema »Frieden« zur Sprache bringt, droht schnell in die Ecke der ewiggestrigen und weltfremden Friedensaktivisten gestellt zu werden, die mit ihrem utopischen »Traum vom Frieden« die Welt verbessern wollen. Die dramatischen Ereignisse des 11. Septembers 2001 und der darauf folgende Krieg gegen den Terror haben jedoch die Frage nach Krieg bzw. Frieden auf einer ungewohnt breiten Basis gestellt. Dass unsere Welt dabei dringender denn je Frieden braucht, ist offensichtlich und weitgehend unbestritten. So haben sich die christlichen Kirchen und Gemeinden in Europa denn auch in seltener Einmütigkeit gegen die amerikanische Invasion im Irak ausgesprochen und sich für den Frieden stark gemacht.

Wie aber soll und kann das Engagement für den Frieden begründet werden? Im vorliegenden Buch wird darauf eine eindeutige Antwort formuliert: Das Zeugnis für den Frieden ist tief im Evangelium verankert. Ein *christliches* Friedenszeugnis kann daher nicht auf jene Zeiten beschränkt werden, in denen der Ruf nach Frieden gesellschaftlich en vogue ist, sondern findet in Jesus Christus und seinem Weg fortwährend Maßstab und Orientierung. Folglich sind Christen nicht gegen den Krieg, weil sie um ihre eigene Sicherheit fürchten, sondern weil sie »als Gesandte an Christi Statt« (2. Korinther 5,20) den umfassenden Friedens- und Versöhnungsdienst ihres Herrn weiterführen.

Als mennonitischer Theologe steht Thomas Yoder Neufeld in einer kirchlichen Tradition, die ihre Wurzeln in der Täuferbewegung der Reformationszeit des frühen 16. Jahrhunderts hat und die mit der Verweigerung von Kriegsdienst immer wieder den Unmut der Mächtigen hervorrief. Heute werden die Mennoniten zu den »Historischen Friedenskirchen« gezählt, wenngleich die Frage der Gewaltfreiheit im Täufertum nicht einheitlich beantwortet wurde und wird.

Wie an manchen Stellen zu lesen ist, führt Thomas Yoder Neufeld daher ein durchaus selbstkritisches Gespräch mit der Geschichte und Theologie seiner eigenen Denomination. Aber auch LeserInnen, die nicht im täuferisch-mennonitischen Kontext beheimatet sind, werden herausgefordert, sich mit einer dezidiert friedenskirchlichen Position auseinanderzusetzen, die Gottes- und Feindesliebe als untrennbare Einheit betont. Dabei verzichtet der Autor auf polemische Grabenkämpfe und versucht stattdessen, in verschiedene Richtungen Brücken zu bauen.

Im ersten Kapitel legt Thomas Yoder Neufeld das exegetisch-theologische Fundament für seine weiteren Ausführungen. Von Epheser 2 ausgehend wird ein Friedenszeugnis entfaltet, das im Erlösungswerk Christi seine Mitte findet und »klassische« Evangelisation in gleicher Weise beinhaltet wie das sozial-politische Engagement für den Frieden.

Wie die Gemeinde als ermächtigter Leib Christi konkret am Versöhnungsprojekt Gottes beteiligt ist, wird in der Folge ausgeführt. Zunächst beschreibt Kapitel zwei Wehrlosigkeit als eine leidensbereite Gesinnung, die an der Geduld Gottes partizipiert und so nicht davor zurückschreckt, dem Feind die Wange hinzuhalten.

Dass dies nicht mit passiver Schwäche und dem Rückzug aus der Welt gleichgesetzt werden darf, wird spätestens dann deutlich, wenn im dritten Kapitel vom aktiven Widerstand gegen die »Mächte und Gewalten« die Rede ist. Wie sich diese scheinbar gegensätzlichen Haltungen – Wehrlosigkeit und Widerstand – verbinden lassen und damit in gleicher Weise Ausdruck des einen Friedenszeugnisses sind, wird schließlich im vierten Kapitel erläutert und mit praktischen Beispielen zumindest exemplarisch veranschaulicht.

Der mündliche und metaphernreiche Vortragsstil wurde für diese schriftliche Veröffentlichung so weit wie möglich beibehalten. Obwohl in weitgehend leichtfüßiger Sprache gehalten, handelt es sich bei diesem Buch nicht um anspruchslose Literatur. Denn der Autor lädt in akademisch kreativer Weise dazu ein, bekannte Bibeltexte noch einmal neu zu lesen und vermeintlich widersprüchliche Positionen der Auslegungs- und Theologiegeschichte in eine fruchtbare Spannung zu bringen, um sie aus einer täuferisch-mennonitischen Perspektive zu bedenken. Wer sich darauf einlässt, darf mit einer anregenden und herausfordernden Lektüre rechnen.

Damit ist dieses Buch nicht zuletzt für jene lesenswert, die an der Frage interessiert sind, wie eine friedenstheologische Position in unserer Zeit exegetisch und theologisch-praktisch entfaltet und verantwortet wird. Dabei dürfte deutlich werden, dass Friedenstheologie und -praxis nicht als vernachlässigbare Themen an den Rand der kirchlichen Landschaft gedrängt werden können, sondern im Zentrum all jener stehen müssen, die sich auf den berufen, der unser Friede ist: Jesus Christus.

Ein herzlicher Dank gebührt Heike Geist und Hanspeter Jecker, die bei der Durchsicht und Bearbeitung des Vortragsmanuskripts mitgearbeitet haben, sowie David Neufeld für die geduldige Zusammenarbeit bei der Drucklegung. Zu danken haben wir aber selbstverständlich in erster Linie Thomas Yoder Neufeld, der uns seine Vorträge für diese Publikation zur Verfügung gestellt hat.

Lukas Amstutz

1. CHRISTUS IST UNSER FRIEDE

EPHESER 2 ALS AUSGANGSPUNKT UND MITTE EINER FRIEDENSTHEOLOGIE

Im Denken vieler Christen werden die Themen Frieden und Evangelium leider zu oft getrennt. Durch diese Scheidung in zwei voneinander unabhängige Bereiche werden einerseits Friedensfragen meist nicht mit dem Evangelium verknüpft. Und andererseits wird das Evangelium nicht ohne weiteres mit Frieden in Verbindung gebracht. Nun will ich die Friedensthematik nicht als ein ausschließlich christliches Anliegen postulieren. Ich bin Gott für alle Menschen dankbar, die sich für den Frieden in dieser Welt engagieren. Es ist jedoch mein Anliegen, unser *christliches* Friedensverständnis auch in dem Evangelium zu verwurzeln, das uns ins Dasein gerufen hat.

»Denn er ist unser Friede« (Epheser 2,11–22)

Als einer der schönsten, wichtigsten und eindrücklichsten biblischen Friedenstexte ist m. E. Epheser 2,11–22 zu bezeichnen, der interessanterweise selbst von den in einer friedenstheologischen Tradition stehenden Mennoniten[1] wenig beachtet worden ist.[2] Das darin gezeichnete Bild der niedergerissenen Mauer ist in der

Friedensbewegung weithin bekannt; auch unter denen, die keinen biblischen Bezug herstellen. So hat zum Beispiel Yitzhak Rabin (1922–1995) anlässlich des Friedensschlusses zwischen Israel und Jordanien im Juli 1994 auf dieses Symbol Bezug genommen. Es ist daher eine traurige Ironie, dass im »Heiligen Land« derzeit erneut eine Mauer zum sichtbaren Zeichen der unheiligen Auseinandersetzungen wird, die von anhaltender Angst, Feindschaft, Besatzung und Unterdrückung zeugen.

In christlichen Kreisen wurde dieses Bild aus dem Epheserbrief schließlich nicht zuletzt durch das Buch *The Broken Wall*[3] von Markus Barth bekannt, der einst als Pfarrer von Bubendorf (Schweiz) auch in unmittelbarer Nähe des Bienenbergs tätig war.

Wie sonst in keinem anderen Text der Bibel, sehe ich in Epheser 2,11–22 das Thema Frieden tief im Evangelium des gekreuzigten Christus verankert. Evangelium und Frieden sind hier untrennbar miteinander verbunden. Deshalb bietet sich dieser Text gewissermaßen als Eingangspforte zu unserem Thema an.

Der Epheserbrief

Bevor wir uns der erwähnten Perikope zuwenden, sei zunächst in aller Kürze auf einige wichtige und umstrittene Fragen hingewiesen, die sich im Blick auf den Epheserbrief stellen:

- Wann ist er geschrieben worden?
- Wer sind die Empfänger?[4]
- Wer ist der Verfasser? Wurde er von Paulus selbst geschrieben? Ist einer seiner Mitarbeiter der Autor? Oder hat sogar ein Schüler den Brief erst nach dem Tod von Paulus in dessen Namen verfasst?[5]
- Handelt es sich literarisch überhaupt um einen Brief?

Wir können uns an dieser Stelle nicht eingehend mit diesen Fragen beschäftigen, die für das Verständnis des Textes aber durchaus relevant sind. Ich kann hier lediglich einige vorläufige Ergebnisse aus der wissenschaftlichen Debatte skizzieren, die uns helfen können, mit gespitzten Ohren auf den Text zu hören.

1. Der Epheserbrief wurde wahrscheinlich nicht in den ersten »heißen« Jahren des paulinischen Gemeindelebens geschrieben, sondern in einer Phase, in der die »erste Liebe« etwas abzukühlen drohte.[6] Der Brief spricht demnach in eine Zeit, in der die Gemeinden gefährdet waren, das Wunder des Evangeliums zu vergessen und immer weniger zu erwarten – sowohl von Gott und sich selbst, wie auch von der Zukunft ganz allgemein.

2. Es gehört zu den Eigenheiten des Epheserbriefes, die Weisheit und Einsicht stark zu betonen (vgl. Epheser 1,15–23; 3,14–19; 5,15–17). Weiter fällt auf, dass das paulinische Erbe in einer theologisch durchdachten Form aufgegriffen wird. So ist zum Beispiel die Frage der Gemeinde, die auch für Paulus in allen seinen Briefen im Mittelpunkt steht, zu einer anspruchsvollen ekklesiologischen Reflexion verarbeitet, d. h. es wird über das Wesen der Gemeinde/Kirche an und für sich nachgedacht. Dieser besondere Charakter hat daher zu der Hypothese geführt, dass der Brief möglicherweise ursprünglich als Rundschreiben an diverse Gemeinden diente, vielleicht sogar als Leitbrief für eine frühe Sammlung der paulinischen Briefe.

3. Daraus folgt die Relevanz dieses Briefes für unser Thema. Ich bin dankbar, dass die Bibel Schriften beinhaltet, die aus dem konkreten Gemeindeleben heraus entstanden sind und daher auch in unsere Situation zu sprechen vermögen. Im Epheserbrief finden wir eine konzentrierte und tief durchdachte Friedenstheologie für Gemeinden, die in der Gefahr stehen, diesen spezifischen Aspekt des Evangeliums zu vergessen oder ihn abzuwerten. Gerade deshalb fordert dieser Brief auch uns heraus, über den Frieden Gottes nachzudenken.

Ein kunstvoll gestalteter Brief

Der erwähnte Eindruck, dass es sich beim Epheserbrief um ein weisheitlich-theologisch reflektiertes Schreiben handelt, wird weiter dadurch bestärkt, dass er offensichtlich äußerst kunstvoll gestaltet ist. So besteht der Brief zum Beispiel aus zwei gleich großen Teilen.

Die erste Hälfte (Kapitel 1–3) befasst sich mit dem, was Gott getan hat. Gottes Liebe und seine Gnade gegenüber »den Erwählten« werden darin ebenso beschrieben und gefeiert wie seine mächtigen Taten zu Gunsten »der Sünder«. Der Tod und die Auferstehung Christi, die Rettung und Erwählung der Verlorenen sowie die Neuschöpfung der Menschheit in und durch Christus werden uns wie in einem großen Wandteppich oder einem atemberaubenden Gemälde vor Augen geführt. Auf diesen Vergleich komme ich gleich zurück.

Die zweite Hälfte (Kapitel 4–6) besteht aus einer Ermahnung bzw. Ermunterung[7], d. h. es werden Anweisungen gegeben, wie wir mit unserem Leben auf die erwiesene Gnade Gottes antworten können. Als Höhepunkt dieser Paraklese erfolgt der Aufruf, die Rüstung Gottes anzulegen und damit in den Kampf gegen alle Mächte der Finsternis zu ziehen (Epheser 6,10ff). Diesem Thema werden wir uns später widmen. Vorerst wenden wir uns der ersten Hälfte des Epheserbriefes zu.

Die erste Hälfte

Die erste Hälfte (Kapitel 1–3) ist chiastisch gestaltet; ist also wie ein Spiegelbild aufgebaut. Ganz ähnlich wie bei einem Gemälde, dienen die einzelnen Teile, die sich ergänzend oder als Kontrast gegenüberstehen, dazu, den Blick des Lesers ins Zentrum zu führen.

Chiasmus in Epheser 1–3

A Doxologie (1,3–14)

  B Gebet um Weisheit und Kraft (1,15–23)

    C Heiden und Juden sind zusammen mit Christus auferweckt (2,1–10)

      D *Christus ist unser Friede* (2,11–22)

    C[1] Heiden und Juden sind in Christus versöhnt (3,1–13)

  B[1] Gebet um Weisheit und Kraft (3,14–19)

A[1] Doxologie (3,20–21)

Wie wir sehen, befindet sich unser Text (Epheser 2,11–22) genau in der Mitte der ersten Hälfte und ist selbst wiederum mit sich jeweils entsprechenden Rahmenteilen chiastisch strukturiert:

Das Friedensbild in Epheser 2,11–22

Einst Fremde – ohne Gott (11–12)

Christus hat die Fernen in die Nähe gebracht (13)

***Christus ist unser Friede** (14–16)*

Friede den Fernen und den Nahen! (17–18)

Nicht mehr Fremde – mit Gott zu Hause (19–22)

Dieses mehrfach umrahmte Gemälde trägt den Titel »Frieden«. Es könnte auch »Versöhnung« heißen, ist es doch zugleich ein herrliches und atemberaubendes Bild der Versöhnung zwischen Gott und der Menschheit, wie auch der Versöhnung zwischen Fremden und Feinden.

Den bisherigen Vergleich mit einem Bild möchte ich nun mit einer zweiten Metapher ergänzen bzw. vermischen. Auch wenn diese Ansicht nicht von allen Neutestamentlern geteilt wird, finden wir in der Mitte dieses Bildes doch höchstwahrscheinlich einen christologischen Hymnus; ein Lied, in dem Jesus Christus selbst als Frieden gefeiert und gelobt wird. Wir haben es also gewissermaßen mit einem »singenden Gemälde« zu tun.

Obwohl dieses Gemälde »Frieden« heißt und das Hauptthema des Liedes »Versöhnung« lautet, sind im Mittelpunkt des Bildes dramatische Darstellungen der Zerstörung zu entdecken: Wir sehen eine zertrümmerte Mauer. Als Menschen im ersten Jahrhundert würden wir sie vielleicht mit einer Mauer im Tempel identifizieren. Weiter sehen wir das Kreuz – ein Folter- und Hinrichtungswerkzeug des römischen Staatsterrorismus. Wir sehen auch, dass ein zweifacher Mord geschehen ist. Zum einen wurde der Friedensevangelist und Friedensstifter ermordet, zum anderen hat dieser aber auch selbst mit seinem Sterben ein tödliches Attentat auf die Feindschaft verübt. Und schließlich sehen wir das vergossene Blut dieses heiligen Mörders.

Wenn wir nun aber aufmerksam sind und näher hinschauen, können wir inmitten dieser Schilderungen von Folter und Tod wundersame Zeichen des Lebens, des Aufbaus und der Wiederherstellung entdecken. Wir werden Zeugen einer neuen Geburt, der Neuschöpfung der Menschheit in und durch Christus. Wir betrachten die Wiederherstellung der menschlichen Familie und besichtigen eine Baustelle, auf der ehemals verachtete und verworfene Steine gebraucht werden, um Gott ein Heim zu schaffen. Dies alles ist schließlich vom Geist Gottes durchweht, der seinen erweckenden Lebensatem spendet.

Wir wollen noch ein wenig vor diesem Kunstwerk stehen bleiben und genauer hinschauen und dem dazugehörigen Gesang zuhören. Wie bereits gezeigt, ist unser Text chiastisch gestaltet, und wir beginnen unsere Betrachtung mit dem äußeren Rahmen.

Der äußere Rahmen (Epheser 2,11–12.19–22)

Wir merken zu allererst, dass wir es hier mit einem beeindruckenden Kontrastbild zu tun haben.

Die Verse 11 und 12 sind stilistisch dunkel gestaltet. Aus jüdischer Sicht werden für die Heiden stereotype und verachtende Bezeichnungen verwendet: »Ihr wart mal ohne Hoffnung, ohne Anteil an der Gemeinde Israels, ohne Gott (wörtlich: Atheisten). Ihr wart Fremde, ja sogar Feinde.«

Aber dann, in den Versen 19–22, ändert sich die Stimmung. Sie wird hell und freudig: »Ihr seid jetzt nicht mehr Fremde, sondern

Mitbürger Israels, Glieder der Familie Gottes. Ihr seid jetzt sogar Steine im Bau des Tempels; auch aus euch, den einst verworfenen Steinen, wird Gott ein Heim gebaut.« Als Kontrastmittel dienen die Verleumdungen in den Versen 11 und 12 offensichtlich dazu, einen beeindruckenden Wandel zu schildern. Aber wie sind wir zu diesem zweiten, hellen Teil des äußeren Rahmens gekommen? Hier wird der innere Rahmen wichtig.

Der innere Rahmen (Epheser 2,13.17–19)

Jetzt spiegelt das Bild nicht einen Kontrast, sondern wirft eine ergänzende Sicht auf dasselbe Motiv.

In Vers 13 ist Jesus derjenige, der durch sein eigenes Blut die Fernen in die Nähe gebracht hat. Darin lässt sich eine konzentrierte Zusammenfassung dieses Friedensbildes erkennen. Für Wissenschaftler, die hier nicht einen Chiasmus sehen und vielleicht auch die Verse 14–16 nicht als Hymnus betrachten, ist dieser Vers die entscheidende Wende in einem sogenannten Einst/Jetzt-Schema: *Einst* wart ihr Fremde und Gottlose. *Jetzt aber* seid ihr in oder durch Christus in die Nähe gekommen. Auch bei einer chiastischen Auslegung dieses Abschnittes darf diese Wende nicht übersehen werden. Die Betonung in der Friedensstiftung liegt hier auf dem Blut, d. h. auf dem Tod Jesu.

In den Versen 17 und 18 werden die Nahen und Fernen erneut erwähnt. An dieser Stelle ist Jesus aber nicht der Friedensstifter, der die Fernen durch seinen eigenen Tod in die Nähe gebracht hat. Wörtlich übersetzt, ist er jetzt der Evangelist des Friedens, der nicht nur den Nahen, sondern auch den Fernen die gute Nachricht – das Evangelium – des Friedens verkündigt hat.

Um die volle Pracht dieses Gemäldes genießen zu können, müssen wir noch etwas genauer hinschauen. Das Wortpaar »Nahe und Ferne« ist aus Jesaja 57,19 bekannt. Dort lesen wir: »Friede den Fernen und den Nahen, spricht der Herr.«

Auch ein zweiter Vers aus Jesaja klingt in Epheser 2,17 an:

Wie willkommen sind auf den Bergen
die Schritte des Freudenboten, der Frieden ankündigt,

> *der eine frohe Botschaft bringt und Rettung verheißt,*
> *der zu Zion sagt: Dein Gott ist König* (Jesaja 52,7).

Dieser Vers wird nun auf Jesus übertragen, der als Evangelist des Friedens auftritt. Mehr noch: er gibt sich selbst für den Frieden hin, d. h. er ist das Mittel, das die Fernen in die Nähe bringt.

Wer aber sind diese Fernen bei Jesaja? Es sind die Verschleppten, die in der babylonischen Gefangenschaft verschmachten. Ihnen gilt die Botschaft des Friedens. Frieden bedeutet hier, dass die Gefangenschaft und das lange Exil ein Ende haben. Die Nahen, diejenigen, die zu Hause geblieben sind, werden wieder mit den Fernen vereint. Schon zu Jesajas Zeiten gab es demnach eine Wiedervereinigung zwischen dem Osten und dem Westen.

Eines wird bei Jesaja allerdings ganz deutlich: das Evangelium des Friedens ist gerade nicht für die Gottlosen bestimmt, sondern dem Volk Gottes vorbehalten: »Aber die Gottlosen sind wie das ungestüme Meer, das nicht still sein kann und dessen Wellen Schlamm und Unrat auswerfen. *Die Gottlosen haben keinen Frieden*, spricht mein Gott« (Jesaja 57,20–21).

Spüren wir die Spannung, die sich nun bei der Anwendung dieser Verse in Epheser 2 ergibt? Die Fernen sind jetzt die Fremden, die Gottlosen. Aber auf dem Hintergrund der Worte Jesajas werden sie zugleich als jenen Teil von »uns Nahen« bezeichnet, der in der Gefangenschaft weilt. Beeindruckend ist diese Anwendung vor allem deshalb, weil hier ein Jude über »die Heiden« schreibt. Gegenüber ehemaligen »Feinden« wird damit eine Einstellung sichtbar, die durch die Erfahrung eines gnädigen Gottes geformt worden ist.[8] Es handelt sich an dieser Stelle auch um ein Beispiel einer friedlichen Hermeneutik. Diese vom Frieden Christi geprägte Bibelanwendung umrahmt den Kern dieses Abschnittes, ja sogar den Kern der ersten Hälfte des Epheserbriefes und letztlich den Kern des Evangeliums.

Das Herz des Friedensbildes: ein Friedenshymnus

Obwohl einige Neutestamentler diese Sicht, wie bereits erwähnt, nicht teilen, bin ich mit vielen anderen davon überzeugt, dass wir es in Epheser 2,14–16 mit einem Hymnus zu tun haben, in dem Christus als Friede gefeiert und gepriesen wird. Derartige Christushymnen sind uns zum Beispiel aus Kolosser 1,15–20 oder Philipper 2,6–11 bekannt. Hier im Epheserbrief ist Christus nicht das »Ebenbild« Gottes, in dem alles erschaffen wurde (vgl. Kolosserbrief) oder der Sklave, der sich selbst erniedrigte und von Gott erhöht wurde (vgl. Philipperbrief), sondern er ist der Friede, durch den die Menschheit versöhnt und neu geschaffen wird.

Der Hymnus in Epheser 2,14–16[9]

14 *Denn Er* [Christus] *ist* **unser** *Friede,*
der aus beiden (Neutrum plural) *eins machte,*
und die trennende Wand **des Zaunes** – *die Feindschaft* –
in seinem *(oder* **durch sein) Fleisch** *zertrümmerte*,
15 **indem er das Gesetz der Gebote in Vorschriften beseitigte**,
um aus beiden **in ihm [selbst]** *einen* **neuen Menschen** *zu schaffen,*
dabei Frieden zu stiften,
16 *und um beide* (Maskulinum plural) *in einem Körper*
durch das Kreuz mit Gott *zu versöhnen,*
indem er die Feindschaft durch **es** *(das Kreuz; oder durch* **ihn [selbst])** *tötete.*

Aus meiner Sicht ist es gut möglich, dass dieser Hymnus nicht eigens für diesen Brief komponiert wurde, sondern als bereits bekanntes Lied die Friedensstiftung Christi feierte, der alle Trennungen im Kosmos beseitigt hat (vgl. Epheser 1,10). Hier wird es nun aber ganz spezifisch auf den Tod Jesu am Kreuz und auf die Feindschaft zwischen Juden und Heiden adaptiert und zugespitzt. Diese Anpassungen habe ich durch die halbfette Markierung hervorgehoben.

Der Hymnus wird demnach auf vertraute und täglich erlebte Trennungen und Spannungen bezogen: Juden und Heiden; Gläubige und Ungläubige; Gehorsame und Ungehorsame. Ziehen wir ähnliche Listen aus den paulinischen Briefen heran, können wir auch Sklaven und Freie, Frauen und Männer erwähnen (vgl. Galater 3,28; 1. Korinther 12,13; Kolosser 3,11). Da hinein heißt es nun: Christus ist unser Friede, wobei sich das »uns« auf diese alltägliche Zwietracht oder Entzweiung bezieht.

An dieser Stelle könnten wir uns eine wichtige Frage stellen: Singen wir unsere Lieder von der Gnade und dem Frieden Gottes in unmittelbarem Bezug auf unsere konkreten Spannungen, Trennungen und Feindschaften in Familie, Gemeinde und Gesellschaft? Oder belassen wir es bei generellen Wahrheiten, die unser gewohntes Leben nicht in Frage stellen?

Das will dieser Hymnus verhüten. Im Epheserbrief wird dem Leser die gespaltene Menschheit immer wieder ganz bewusst vor Augen geführt. Schon in Epheser 1,13 werden »wir« (Juden?) als diejenigen beschrieben, die zuallererst glaubten. Im ersten Teil des zweiten Kapitels sind dann »wir beide« die ungehorsamen »Toten« gewesen, die Gott erlöst hat. In Epheser 3 wird schließlich das Mysterion – das große Geheimnis Gottes – durch Christus offenbart und als das Zusammenbringen von »euch« (Heiden) und »uns« (Juden) gefeiert.

In diesem Hymnus sehen wir auch genau, wie und durch wen die Versöhnung zwischen »euch« und »uns« zustande gekommen ist: Christus. Mit seiner eigenen Hingabe bis in den Tod und seinem mutigen Angriff auf die Feindschaft hat er die Trennung geheilt. Er hat die trennende Mauer beseitigt und damit den Zugang zu Gott für alle ermöglicht.

Wie interpretieren wir dieses Bild der Trennungsmauer? Es gibt wohl zwei Hauptauslegungen. Die eine nimmt Bezug auf jene Mauer im Tempel, die den Vorhof der Heiden von den inneren Vorhöfen trennte. Damit wurde die Heiligkeit im Jerusalemer Tempel mit Absonderung und geregeltem Zugang gesichert. Sich an dieser Metapher orientierend, beschreibt der Epheserbrief nun Christus als denjenigen, der den Heiden den Zugang zum Heiligtum ermöglicht hat. Ist der Epheserbrief tatsächlich nach dem Tod des Paulus geschrieben worden, haben darin vielleicht manche Leser eine Anspielung auf die römische Zerstörung des Tempels im Jahre 70 n. Chr. gesehen.

Passender ist jedoch, uns daran zu erinnern, dass es im zeitgenössischen Judentum eine Tradition gab, in der die Lehren der Väter als Zaun um das Gesetz gesehen wurde. Dieser sollte die Tora vor Ungehorsam schützen und dazu beitragen, dass Gottes Volk sich von der Umwelt absonderte. Auf diesem Hintergrund ist dann der abgerissene Zaun nicht als das Gesetz per se zu betrachten, sondern vielmehr dessen trennende Funktion, die durch die vielen Vorschriften zur Absonderung entstanden ist.

Das Evangelium wird daher auch oft im Gegensatz zum Gesetz gedeutet und ausgelegt. Das Gesetz wird in diesem Verständnis nicht als ein Geschenk des gnädigen Gottes an eine sonst irregehende Menschheit verstanden, sondern als ein Problem, dessen Lösung Christus ist. Mit anderen Worten: Die Gnade hat das Gesetz abgelöst.

Ich habe hier nicht die Möglichkeit, dieses Thema eingehend zu erörtern. Es sei lediglich darauf hingewiesen, dass wir mit der Aussage, Christus habe den Zaun des Gesetzes abgerissen, äußerst vorsichtig sein müssen, um gefährliche Missverständnisse zu vermeiden. Denn die Folgen einer simplizistischen und antigesetzlichen Auslegung haben sich in der Vergangenheit als verheerend erwiesen:

a) Obwohl sie anfangs Gastgeber waren, wurden unsere jüdischen Vorfahren von den heidnischen Gästen schon innerhalb von wenigen Jahrzehnten aus dem Haus vertrieben. Bereits im zweiten Jahrhundert wurde es zunächst schwierig und oftmals sogar unmöglich, als christusgläubige Juden in der christlichen Gemeinde zu existieren.

b) Mit ihnen verabschiedete sich auch der hohe Wert des Gehorsams gegenüber Gottes Willen als wesentlicher Ausdruck der Liebe zu Gott und der Dankbarkeit für seine Gnade. Dies hatte weitreichende Folgen für das Gemeindeleben und die christliche

Ethik, die sich in ihrem Wesen immer wieder einem biblisch-theologisch unbegründeten Verdacht der Werkgerechtigkeit gegenüber sah. Auch für die Friedenstheologie und Friedensethik hat dies äußerst negative Konsequenzen mit sich gebracht.

c) In diesem Fahrwasser entstand dann auch immer wieder jener fatale Judenhass, dessen Folgen wir aus jüngster Zeit nur allzu gut kennen.

Es muss als größte und schlimmste Ironie bezeichnet werden, dass Christus zwar den höchsten Preis für diesen Frieden bezahlt hat, die Hauptbegünstigten dieser Gabe ihn aber als Mittel für eine neue Feindschaft missbraucht haben. Dadurch wurde und wird der Friede selbst verraten und Christus verleugnet. Gerade deshalb müssen wir bei der Auslegung auf die nötige Sorgfalt und Vorsicht achten.

Herausfordernd bleibt dieser Text allemal – auch für uns. Das Gesetz öffnet ein Fenster, um den Willen Gottes für ein erfülltes und heiles Leben zu erkennen. Weiterhin ist das Gesetz jedoch auch ein Mittel zur Absonderung und dient als Merkmal eines ernsthaften christlichen Lebensstil bis heute dazu, die Heiligkeit zu fördern. Mit seinen Schranken und Wegweisern sind wir besonders seit dem Pietismus erneut vertraut, auch wenn wir betonen, dass wir vom Gesetz befreit sind. Aber es sind interessanterweise die Briefe des Paulus, die wir gerne als neues Gesetz verwenden. Offensichtlich werden Gesetze, Schranken, Mauern und Zäune immer wieder neu errichtet, und dies ist nicht nur verständlich, sondern vielfach auch berechtigt. Jede Gemeinde und Gemeinschaft muss wissen, wer sie ist, und schafft eine bestimmte Kultur, die ihren Charakter und denjenigen ihrer Glieder formt. Deshalb können wir auch mit den Judenchristen des ersten Jahrhunderts mitfühlen und beginnen möglicherweise zu ahnen, warum sie dieses radikale Ereignis – die Beseitigung der trennenden Schranke – mit diesem Gesang feierten.

Natürlich will der Schreiber des Briefes bzw. Liedes damit nicht das Streben nach Heiligkeit abschaffen. Ein Blick in das vierte und fünfte Kapitel des Epheserbriefes genügt, um zu sehen, dass dies weiterhin eine wichtige Rolle spielt. Das Evangelium besteht nicht darin, dass fortan kein heiliges, Gott total gewidmetes Leben mehr verlangt wird. Die gute Nachricht ist, dass es durch Christus und durch seinen Geist nicht nur für »uns«, sondern auch für »euch« möglich geworden ist, ein Leben zu führen, das dem Willen Gottes entspricht. Wir alle sind, wie wir in Epheser 2,10 lesen, von Gott »zu guten Werken erlöst«!

Dennoch bleibt es für uns heute äußerst schwierig zu begreifen, wie radikal dieses Evangelium für Paulus und seine jüdischen Geschwister war. Als Preis des Friedens galt es, die »anderen« als die »unsrigen« anzunehmen. Denn das große Exil der Menschheit ist zu seinem Ende gekommen. Christus hat den Frieden nicht bloß angekündigt, sondern auch gestiftet. Die trennende Mauer und Funktion des Gesetzes ist von innen her, vom Heiligtum, zerstört worden. Durch den Geist Gottes ist die Menschheit neu belebt worden, um jetzt vollständig als heiliger Tempel vor Gott zu leben.

Friede bedeutet daher nicht primär Freispruch, sondern Wiederherstellung. Friede meint nicht so sehr unsere Vergebung, sondern die Möglichkeit, unseren Feinden zu vergeben. Friede ist nicht so sehr unsere persönliche und individuelle Erlösung, als vielmehr eine Erlösung, die uns gemeinsam mit anderen Personen zu jener neuen Menschheit werden lässt, die »in Christus« zustande kommt.

Ich möchte nochmals zum Hymnus zurückkehren. Im griechischen Text steht in Epheser 2,14 für das Wort »beide« *ta amphotera*. Grammatikalisch handelt es sich dabei um ein Plural Neutrum. »Beide« bezieht sich auf alles, was entzweit ist: Himmel/Erde, Menschheit/Gott. Diese Redewendung stammt aus einem Denken, in dem das Zusammenkommen von allem, was getrennt worden ist, mit der kosmischen Versöhnung »in Christus« verbunden wird. Religionsgeschichtlich ist diese Vorstellung nicht eindeutig zuzuordnen; höchstwahrscheinlich basiert sie auf der zeitgenössischen Vorstellung, die den Kosmos in anthropomorpher Weise als Menschenleib versteht. Durch sein Kommen in diese Welt hat Christus die getrennten Sphären wieder vereint, so dass Gott in allem wieder zu Hause ist (vgl. Epheser 4,6). Sollte diese Rekonstruktion korrekt sein, dann bemerken wir, dass die hymnischen Erweiterungen das »Fleisch« jetzt ausdrücklich in Bezug auf das »Blut« (Epheser 2,13) und das Kreuz (Epheser 2,16) interpretieren. Es ist der Tod Jesu, der den Frieden sichert. Im Mittelpunkt des Friedensereignisses steht seine radikale Hingabe; nicht nur als Friedensevangelist, sondern auch als Opfer.

In Epheser 2,16 wird das Wort »beide« wiederum erwähnt, allerdings nicht mehr als Neutrum, sondern als Plural Maskulin: *hoi amphoteroi*. Es ist ganz offensichtlich, dass es sich nun hier um verfeindete Menschengruppen handelt: Juden und Heiden.

Es ist nicht nur wichtig, dass dieser Hymnus erstens, wie vorhin angedeutet, ganz absichtlich und spezifisch im Blick auf die konkreten soziologischen, kulturellen und religiösen Trennungen und Spannungen gesungen wird, sondern dass zweitens der ursprüngliche kosmische Horizont nicht vergessen wird. Dies sehe ich nicht nur in der ganzen Denkweise des Epheserbriefes[10], sondern auch in der Tatsache, dass in Vers 14 das Neutrum beibehalten worden ist. Wir haben damit einen wichtigen Hinweis, um unsere Vorstellungen vom göttlichen Frieden und der Friedensstiftung Christi auf die Umwelt/Ökologie zu erweitern. Christus ist *unser* Friede; aber er ist auch der Friede *der Welt* (Epheser 1,10).

Zusammenfassend können wir nun festhalten, dass sich der Horizont des Friedens, den Christus durch sein Leben, seine Verkündigung und seinen Tod gestiftet hat, weitet:

1. Die Versöhnung mit Gott. Durch Christus sind wir mit Gott versöhnt und haben als Töchter und Söhne Zugang zu Gott. Das ist gewöhnlich das Hauptanliegen der »klassischen« Evangelisation, wird dagegen von Friedensaktivsten zu wenig betont.

2. Die Versöhnung zwischen Feinden. Der Friede Christi bringt die Überwindung aller Feindschaften, die kulturell, soziologisch, politisch und religiös verankert sind und die Beziehungen zwischen Menschen und Menschengruppen vergiften. Als befreun-

dete Feinde wohnen wir im selben Haus und sind Glieder einer Familie. Wir haben gemeinsam mit unseren einstigen Feinden Zugang zu unserem gemeinsamen Vater. Diese Dimension der Versöhnung wird in der gängigen Evangelisation zu wenig betont.

3. Die Heilung der Feindschaft zwischen der Menschheit und der Umwelt. Der Friede Christi bewirkt auch jene Heilung, die von der Umwelt nach Römer 8,22 seufzend erwartet wird.

4. Egal wo wir uns im Spektrum zwischen Evangelisation und Friedensarbeit befinden, das Wichtigste wird in unserem Denken oft vernachlässigt: Durch den Frieden Christi wird Gott ein Haus gebaut. Die tote Menschheit ist nicht nur wiederbelebt, sondern Gott selbst hat ein Heim gefunden, das gerade deshalb ein perfekter und heiliger Tempel ist, weil er aus versöhnten Feinden und wiederbelebten Toten, aus einst verschmähtem und verworfenem Baumaterial gemacht worden ist. Friedensverkündigung und Friedensarbeit geschieht letztlich um Gottes Willen, als Akt unserer Gottesliebe, weil er ein Zuhause unter Menschen haben will. Menschen, die sich selbst und Gott als Feinde gegenüber standen und die Gott selbst aus dem Totenlager, aus dem KZ des Fürsten dieser Welt, geholt hat. Gott hat sich gewissermaßen das Baumaterial vom Schutthaufen besorgt. Und weil die Menschheit weder untereinander noch mit Gott in einem völlig versöhnten Zustand lebt, ist der Tempel Gottes, das Heim Gottes, eine permanente Baustelle. Daselbst sind wir jedoch nicht nur Baumaterial, sondern dürfen uns an diesem Versöhnungsprojekt auch als *»synergoi«* betätigen – als Mitarbeiter Gottes, wie dies Paulus in 2. Korinther 6,1 so schön sagt.

Dank sei Gott für seine unaussprechliche Gnade und Liebe.

Anmerkungen

1 Seit einer Konferenz im Jahr 1935 in Kansas (USA) werden die Mennoniten gemeinsam mit der *Church of the Brethren* und den Quäkern (Gesellschaft der Freunde) in der Literatur als »Historische Friedenskirchen« bezeichnet. Vgl. dazu FERNANDO ENNS, *Friedenskirche in der Ökumene: Mennonitische Wurzeln einer Ethik der Gewaltfreiheit.* Göttingen: Vandenhoeck & Ruprecht, 2003, 117–129.

2 Einige bemerkenswerte Ausnahmen gibt es allerdings. Genannt seien hier: MARLIN E. MILLER, »The Gospel of Peace«, in ROBERT L. RAMSEYER (ed.), *Mission and the Peace Witness: The Gospel and Christian Discipleship.* Scottdale, PA/Kitchener, ON: Herald Press, 1979, 15–19. FERNANDO ENNS predigte über diesen Text an der Mennonitischen Weltkonferenz in Bulawajo, Simbabwe (11.–17. August 2003); veröffentlicht als »Kirche im Kampf um Gemeinschaft«, in *Die Brücke*, 5/2003, 4–7. Siehe auch THOMAS R. YODER NEUFELD, »For He Is Our Peace (Ephesians 2:11–22)«, in MARY H. SCHERTZ, IVAN FRIESEN (eds.), *Beautiful Upon the Mountains: Biblical Essays on Mission, Peace, and the Reign of God*, Scottdale, PA/Waterloo, ON: Herald Press, 2003, 215–234 und ders., *Ephesians.* Scottdale, PA/Waterloo, ON: Herald Press, 2002.

3 In deutscher Sprache: MARKUS BARTH, *Solidarität mit den Sündern.* Kassel: Oncken, 1961.

4 In den zuverlässigsten Manuskripten steht die Ortsangabe »in Ephesus« nicht.

5 Die Mehrheit der Ausleger hält eine nachpaulinische Verfasserschaft für wahrscheinlich.

6 Vgl. dazu den Vorwurf an die Gemeinde in Ephesus in der Offenbarung: *Ich werfe dir aber vor, dass du deine erste Liebe verlassen hast* (Offenbarung 2,4). Diese Worte geben auch dann wertvolle Hinweise auf die damalige Situation, wenn der Brief nicht an die Epheser geschrieben worden ist.

7 Fachbegriffe hierfür sind Paraklese oder Paranäse.

8 vgl. Epheser 2,4: *Aber Gott, reich an Gnade und Barmherzigkeit ...*

9 Um die theologische Gedankenentfaltung in diesem Hymnus möglichst genau beobachten zu können, verzichte ich an dieser Stelle auf eine elegante Sprache und benutze stattdessen eine wörtliche Übersetzung des griechischen Textes.

10 Vgl. die schon angeführten Stellen in Epheser 4,6 und besonders Epheser 1,10.

2. WEHRLOSIGKEIT

CHRISTEN ENGAGIEREN SICH IN DER WELT, INDEM SIE GOTTES GEDULD LEBEN

Kurz nach dem Attentat in New York im September 2001 gab es in den USA eine Reihe von Mordanschlägen, die von Heckenschützen begangen worden sind. Einer dieser Morde fand in Baton Rouge (Louisiana) statt. Dort wurde Jim Ballengers Frau erschossen, nachdem sie ihren Laden geschlossen hatte. Nach der Verhaftung der Täter hat der Reporter Jeffrey Toobin vom Fernsehsender CNN den Ehemann und die Schwester der Ermordeten interviewt.

Toobin fragte erst die Schwester, Frau Szuszka, wie sie die Sache sieht: »Ich bin sehr dankbar, dass diese Kerle erwischt worden sind.«

Toobin: »Sie wissen, Frau Szuszka, dass die Mörder zur Todesstrafe verurteilt werden könnten, nicht? Denken Sie, dass sie das verdienen?«

Szuszka: »Ja, unbedingt.«

Toobin: »Warum?«

Szuszka: »Ihre Morde waren brutal und sinnlos. Diese Leute haben keine Gefühle. Sie haben meine einzige Schwester ermordet, zudem sicher noch zehn weitere Menschen. Und wer weiß, vielleicht waren es ja noch mehr. Das Leben dieser Mörder braucht man nicht zu bewahren. Sie sollten überhaupt keine Chance haben.«

Toobin: »Sie denken aber anders über die Todesstrafe, nicht, Mr. Ballenger?«

Ballenger: »Ja. Wir beide, ich und meine Schwägerin, glauben an Jesus. Sie ist eine gute Christin und ich kann ihre Gefühle gut verstehen. Die Gefühle in meinem Herzen sind aber anders. Ich halte mich an das, was ich in der Bibel gelernt habe. Am Kreuz betete Jesus: ›Vater vergib ihnen, denn sie wissen nicht, was sie tun.‹ Wenn es uns nicht möglich ist, Menschen zu vergeben, wie es uns Jesus gelehrt hat, wie können wir dann verlangen, dass unsere Sünden vergeben werden? Auch wenn wir nicht schwerwiegende Sünden begehen, so sündigen wir doch jeden Tag. Und Sünde ist Sünde. Das gilt auch für Mord. Und in der Bibel habe ich gelernt, dass man vergeben muss, wenn man Vergebung erhalten will.

Wenn die Mörder nun aber durch die Todesstrafe getötet werden, kann ihnen nicht vergeben werden. Verbringen sie jedoch ihr ganzes Leben im Gefängnis – und das hoffe ich eigentlich – werden sie wenigstens die Möglichkeit haben, einen Seelsorger zu treffen und vielleicht Jesus als Herrn und Heiland anzunehmen. So können sie Vergebung finden, wie ich sie selbst gefunden habe.

Ich bete für ihre Seelen. Ich hasse, was sie getan haben, denn durch sie habe ich meine Frau verloren. Ich muss ihnen aber vergeben; so habe ich es gelernt und so glaube ich es auch. Die Todesstrafe ist nicht die Lösung.«

In einem anderen Interview mit FOX-TV sagte er schlicht und einfach: »Ich bin ein wiedergeborener Christ (born again)[11] und Jesus sagte, wir sollen vergeben.« Die Worte von Jim Ballenger mögen theologisch nicht versiert sein, aber sie zeugen davon, dass er etwas äußerst Wichtiges verstanden hat: Vergebung bedeutet, die Zukunft auch für Mörder offen zu halten, um ihnen Reue, Umkehr, und die Versöhnung mit Gott zu ermöglichen.

Damit sind wir beim Kern der Wehrlosigkeit angelangt: Die Beteiligung an der erlösenden Geduld Gottes, einer Geduld, die von der Hoffnung auf Umkehr und Versöhnung nicht zu trennen ist.

Der heutige Kontext von »Wehrlosigkeit«

Im englischen Sprachraum gebrauchen wir das Wort »nonresistance«, das wörtlich mit »Widerstandslosigkeit« zu übersetzen ist. In Matthäus 5,38–42 lesen wir dazu folgendes:

> [38] *Ihr habt gehört, dass gesagt worden ist: Auge um Auge und Zahn um Zahn.* [39] *Ich aber sage euch: Leistet dem, der euch etwas Böses antut, keinen Widerstand, sondern wenn dich einer auf die rechte Wange schlägt, dann halt ihm auch die andere hin.* [40] *Und wenn dich einer vor Gericht bringen will, um dir das Hemd wegzunehmen, dann lass ihm auch den Mantel.* [41] *Und wenn dich einer zwingen will, eine Meile mit ihm zu gehen, dann geh zwei mit ihm.* [42] *Wer dich bittet, dem gib, und wer von dir borgen will, den weise nicht ab.*

Diese Anweisungen aus der Bergpredigt prägten einerseits die Sprache der Täufer, haben daneben aber auch jenen täuferisch-mennonitischen Lebensstil gefördert, der gelegentlich mit dem Schlagwort »die Stillen im Lande« bezeichnet wird. Damit werden Worte wie schutzlos, wehrlos oder verletzlich assoziiert, bei denen allesamt ein Klang von Schwäche mitschwingt. Sie passen scheinbar zu einer passiven Haltung, die sich von der Welt absondert und sich der Verantwortung für die Welt entzieht. Es ist in gewisser Weise bezeichnend, dass im englischen Sprachraum die Aufforderung »to turn the cheek« (die Wange hinhalten) zu einem Sprichwort für Situationen geworden ist, in denen Menschen angesichts von Misshandlung mit Schwäche, Unterlegenheit und Passivität reagieren.

Hier findet sich möglicherweise der Grund, warum heute die Haltung der Wehrlosigkeit selbst unter Mennoniten – und dabei insbesondere bei jenen, die sich als Friedensaktivsten bezeichnen – umstritten ist und gelegentlich sogar abgelehnt wird. Bereits während der Bürgerrechtsbewegung um Martin Luther King Jr., der Anti-Vietnamkriegs-Bewegung und der Zeit, in der sich das mennonitische Hilfswerk MCC (Mennonite Central Committee) zunehmend um Rechtsfragen kümmerte, stand die wehrlose Haltung auch innermennonitisch unter großem Druck. Dies hat sich besonders in den letzten Jahren verstärkt. Friedenstheologie und -ethik sind heute vermehrt von Aktivismus geprägt, kaum jemand spricht noch von Passivität.

Da ist schon eher die Rede vom energischen Einsatz für den Frieden, vom Protest gegen den Krieg, von sozialer Gerechtigkeit, Konfliktlösung, Strafreform oder von der Dekade zur Überwindung der Gewalt. Dies klingt jedoch eindeutig stärker nach Widerstand als nach Widerstandslosigkeit, mehr nach Angriff als nach Wehrlosigkeit.

Das Lieblingswort der Friedensaktivisten lautet »Schalom« – jener umfassende biblische Begriff, der persönliche und gesellschaftliche Gerechtigkeit ebenso beinhaltet wie irdischen und geistlichen Frieden. In seinem wunderbaren Buch bezeichnet der Studienleiter des Theologischen Seminars Bienenberg, Bernhard Ott, Schalom als »Projekt Gottes«.[12] Frieden ist demnach das Unternehmen Gottes, in dem wir engagiert mitarbeiten sollen. Mit dieser Vorstellung ist eine passive und zurückgezogene Wehr- oder Widerstandslosigkeit aber kaum zu vereinbaren.

Ich begrüße diese Wende in der Friedenshaltung und stimme ihr grundsätzlich zu. Aber ich finde in der Bibel auch immer wieder jenen Faden – wenn ich die Bibel wiederum mit einem Wandteppich vergleichen darf –, der Begriffe wie Leiden, Schwäche, Demut und radikale Wehrlosigkeit, die bereit ist, sich verletzen zu lassen, miteinander verbindet. Dieser Faden ist zuweilen nicht leicht zu finden. Er gewinnt aber durch die Bibel hindurch zunehmend an Stärke und bestimmt letztlich jenes komplexe Gewebe, das Jesus darstellt. Es ist auch dieser starke und bestimmende Faden, der das Leben in der Nachfolge Jesu immer wieder neu prägen will. Ich bin daher auch der festen Überzeugung, dass wir diesen Faden nicht aus den Augen verlieren dürfen, wenn wir uns daran machen, eine vom Evangelium geprägte Friedenstheologie und -praxis zu formulieren und umzusetzen. Wir wollen deshalb die Spur dieses Fadens aufnehmen und ihren Ursprung aufspüren.

Der Gerechte

Einen Anknüpfungspunkt, diesen »roten Faden« zu finden, bietet uns die paradigmatische (beispielhafte) Figur des leidenden Gerechten (hebräisch: *zaddik)*. Dieser Gerechte ist typischerweise arm und ohne Schutz gegen die Willkür der Starken. Da er in einer Welt, in der nur wenige gerecht sind, seinerseits Gerechtigkeit praktiziert, ist sein Leiden vorhersehbar. Denn mit dem Willen, Gott treu zu bleiben, zieht der Gerechte die Wut der ungerechten Mitmenschen auf sich.

Die folgenden Zeilen aus dem zweiten Kapitel der Weisheit Salomos gewähren einen aufschlussreichen Blick auf diese paradigmatische Figur.[13]

Die Starken und Gewaltigen strotzen:
10 *Lasst uns den Gerechten unterdrücken, / der in Armut lebt, / die Witwe nicht schonen / und das graue Haar des betagten Greises nicht scheuen!*
11 *Unsere Stärke soll bestimmen, was Gerechtigkeit ist; / denn das Schwache erweist sich als unnütz.*
12 *Lasst uns dem Gerechten auflauern! / Er ist uns unbequem und steht unserem Tun im Weg. / Er wirft uns Vergehen gegen das Gesetz vor / und beschuldigt uns des Verrats an unserer Erziehung.*
13 *Er rühmt sich, die Erkenntnis Gottes zu besitzen, / und nennt sich einen Knecht des Herrn.*
14 *Er ist unserer Gesinnung ein lebendiger Vorwurf, / schon sein Anblick ist uns lästig;*
15 *denn er führt ein Leben, / das dem der andern nicht gleicht, / und seine Wege sind grundverschieden.*
16 *Als falsche Münze gelten wir ihm; / von unseren Wegen hält er sich fern wie von Unrat. / Das Ende der Gerechten preist er glücklich / und prahlt, Gott sei sein Vater.*
17 *Wir wollen sehen, ob seine Worte wahr sind, / und prüfen, wie es mit ihm ausgeht.*
18 *Ist der Gerechte wirklich Sohn Gottes, / dann nimmt sich Gott seiner an / und entreißt ihn der Hand seiner Gegner.*

> 19 *Roh und grausam wollen wir mit ihm verfahren, / um seine Sanftmut kennen zu lernen, / seine Geduld zu erproben.*
> 20 *Zu einem ehrlosen Tod wollen wir ihn verurteilen; / er behauptet ja, es werde ihm Hilfe gewährt.*

Wie wir hier sehen, ist der Gerechte der Willkür jener Menschen ausgeliefert, die ihre Macht zum Recht erhoben haben. Dennoch kann er sich in seinem Leiden auf Gott verlassen, wie dies später auch in Kapitel fünf zu lesen ist.

Damit haben wir in der Bibel ein wesentliches Element zum Thema Wehrlosigkeit aufgespürt. Der wehrlose Mensch kann sich auf das Eingreifen Gottes verlassen, auch wenn dieses Eingreifen möglicherweise erst nach dem Tod durch die Auferstehung erfolgt.

Diese Zuversicht ist tief in der Geschichte Israels verwurzelt und findet im befreienden Exodusgeschehen ihr Paradigma, wie dies in unserer Zeit die Befreiungstheologie immer wieder betont hat. Dieses fürsorgliche Eingreifen Gottes zugunsten der Unterdrückten wurde in der Parole »Gottes Option für die Armen« zusammengefasst. Einige Auszüge aus dem biblischen Buch Exodus verdeutlichen diese Verbindung:

> *Ich bin Jahwe. Ich führe euch aus dem Frondienst für die Ägypter heraus und rette euch aus der Sklaverei. Ich erlöse euch mit hoch erhobenem Arm und durch ein gewaltiges Strafgericht über sie. Ich nehme euch als mein Volk an und werde euer Gott sein.* (Exodus 6,6–7)

> *Fürchtet euch nicht! Bleibt stehen, und schaut zu, wie der Herr euch heute rettet. Wie ihr die Ägypter heute seht, so seht ihr sie niemals wieder. Der Herr kämpft für euch, ihr aber könnt ruhig abwarten.* (Exodus 14,13)

Schließlich hören wir auf das Siegeslied von Mirjam und Mose in Exodus 15,1.3, eines der wohl ältesten Traditionsstücke der Bibel:

[1] Singt dem Herrn ein Lied, denn er ist hoch und erhaben!
Rosse und Wagen warf er ins Meer.
[3] Der Herr ist ein Krieger, Jahwe ist sein Name.

Diese Texte zeigen einen eingreifenden Gott, der sich in besonderer Weise um Schwache und Unterdrückte kümmert. Es ist Gott, dem es als mächtiger Bündnispartner vorbehalten ist, Macht auszuüben. Sie gehört ihm allein und nicht etwa den Frommen und Gerechten. Ihre Aufgabe ist es lediglich, Gott treu zu bleiben, auch wenn dies sie das Leben kosten sollte.

Diesem Muster begegnen wir in der Bibel immer wieder. So etwa in den Psalmen, in denen der Psalmist um Hilfe fleht oder Gott für dessen Schutz und Hilfe preist. In einem weiteren Horizont findet es sich aber auch beim Propheten Jesaja, der diese Haltung als militärpolitische Weisheit dem Volk und seinem König vorschlägt (vgl. Jesaja 30,15; 31,4–5; 32,15–18).

Auch zur Zeit Jesu und im vorangehenden Jahrhundert war diese Denkweise noch bestimmend, wie wir oben bei der Lektüre der Weisheit Salomos bemerkt haben. Wir finden sie auch in der Märtyrertheologie, wie sie z. B. in 2. Makkabäer 7 überliefert ist. Dort lesen wir von einer Frau, deren sieben Söhne alle durch die hellenistisch-syrische Macht zu Tode gefoltert werden, weil sie sich weigern, gegen das Gesetz Gottes zu verstoßen. Die Überzeugung, dass Gott auch nach ihrem Tod eingreifen wird, verleiht ihnen und ihrer Mutter den nötigen Mut. Sie schöpfen ihren Mut aus der Auferstehungshoffnung. Die Auferstehung und die damit verbundene Gewissheit, dass Gott die Gerechten nie im Stich lassen wird, prägen das Leben der Gerechten.

Mit diesen Zitaten aus den Apokryphen will ich nicht unseren heutigen protestantischen Kanon erweitern – obwohl zur Zeit der Reformation die Täufer in der Schweiz diese Texte als dem Kanon zugehörig betrachtet haben. Ich zitiere sie vielmehr, weil sie uns einen Einblick in die Gedankenwelt gewähren, die zur Zeit Jesu herrschte.

Das eben beschriebene Muster oder Paradigma prägte die Lebensweise von Jesus. Wir sollten uns daher nicht wundern, dass genau dieses Muster die Darstellung des Lebens, des Todes und der Auferstehung Jesu beeinflusst und sogar bestimmt hat. Jesus wird ausdrücklich der Gerechte genannt (Matthäus 10,41; Lukas 23,47; Apostelgeschichte 3,14; 7,52; 22,14; Jakobus 5,6). Es ist daher auch wichtig, dass wir sehen, wie der Lebenslauf Jesu mit seinem Ende verbunden ist. Jesus starb, weil er als Gerechter lebte. Ebenso erklärt sein Lebensstil aber auch seine Rettung, die in seiner Auferstehung ihren Ausdruck findet.

Diese Darstellung des leidenden Gerechten und des eingreifenden Gottes ist unter den Mennoniten bekannt, besonders bei jenen, die selbst noch eine lebendige Erinnerung an Verfolgung und Leiden haben.[14] Die herausfordernde und äußerst schwierige Aufgabe liegt bei diesem Verständnis in der Treue gegenüber dem Willen Gottes. Es gilt das Vertrauen auf Gott zu bewahren und nicht die Lage eigenmächtig zu verändern, sondern sich willig auch einem allfälligen Martyrium zu stellen. Dies ist eine Prüfung, die, neben eindrücklichen Ausnahmen, auch viele Mennoniten nicht bestanden haben. Selbst dann nicht, wenn man sie auf die Kriegsdienstverweigerung beschränkt. Um in dieser Weise zu leben, muss man nämlich an einen Gott glauben, der Befreiung bewirkt, und dies scheint inmitten eines Streits oder einer Bedrohung oft purer Wahnsinn zu sein. So will etwa die Befreiungstheologie, die den Exodus zum paradigmatischen Zentrum ihrer Theologie gemacht hat, Exodus 14,13 partout nicht lesen.

Bevor wir nun den aufgespürten Faden weiter verfolgen, fassen wir zwei Charakteristika des bis anhin skizzierten Paradigmas zusammen.

1. Es sind die *Gerechten,* die mit Gottes Eingreifen rechnen dürfen.

2. Sie werden als Gerechte bezeichnet, weil sie gerecht leben und Gerechtigkeit üben. Daher ist ihr Leiden oft das zu erwartende Resultat ihrer Gerechtigkeit.

Das Paradigma wird umgedeutet

Dieses dargestellte Paradigma wird nun in der Bibel selbst in Frage gestellt und von innen her umgedeutet. Dies geschieht zunächst beinahe unbemerkt, wird dann aber immer deutlicher. Der uns bereits vertraute Faden ändert sich gewissermaßen in einer überraschenden und unverhofften Art und Weise. Und es ist diese vorerst unscheinbare Verwandlung, die sich letztlich auf den ganzen biblischen Wandteppich auswirkt und sogar die Gesamtdarstellung bestimmt.

Jesaja 53

In der Darstellung des leidenden Gottesknechtes in Jesaja 53 wird das Leiden des Gerechten nicht nur Anlass für Gottes Eingreifen, sondern wird selbst zum Mittel seines Eingreifens. Das Leiden des Gerechten ist die Art und Weise des Eingreifens Gottes. Noch überraschender ist nun, dass Gottes Eingreifen dabei nicht nur den Gerechten betrifft, sondern auch die Sünder, also die, die den Knecht misshandelt haben.

Dieser Paradigmenwechsel ist so radikal, dass er in der biblischen Tradition nur schwer Fuß fassen konnte. So sind die ersten fünf Kapitel der Weisheit Salomos eine Adaptierung von Jesaja 53. Bemerkenswert ist, dass dabei jede Spur einer Vorstellung fehlt, in der das Leiden eines Unschuldigen ein heilvolles Geschehen für andere sein könnte – schon gar nicht für jene Menschen, die das Leiden verursacht haben.

Es ist nun aber gerade diese Einsicht, die die Erzählung und die Deutung des Todes Jesu im Neuen Testament prägt. Jesus starb unschuldig als Gerechter. Sein Tod war ein Vergehen gegen die Gerechtigkeit. Erstaunlicherweise war der Tod Jesu aber zugleich ein Heilsakt Gottes, durch den besonders die, die Jesus ans Kreuz nagelten, Vergebung und Versöhnung finden konnten. Die bis anhin bekannte Version des Paradigmas vom leidenden Gerechten und dem eingreifenden Gott hätte dagegen zur Rehabilitation des Gerechten sowie zur Bestrafung der Feinde geführt, wie dies etwa bezeichnenderweise im Buch der Weisheit und in 2. Makkabäer geschildert wird.

Die neue Betrachtung durch die Linse von Jesaja 53 muss für die Nachfolger Jesu eine riesige Überraschung gewesen sein. Sie erkannten darin »gute Nachricht«. Die Folter und Hinrichtung von Jesus ist ein schreckliches menschliches Vergehen gegen einen Unschuldigen und Gerechten. Diese Tatsache wollen die Evangelisten in ihren Schilderungen in keiner Weise abschwächen. Aber – und dies ist die eigentliche Überraschung – der Tod Jesu ist seine eigene Hingabe als Opfer für uns Sünder und hinter dieser Hingabe steht das unermesslich liebevolle und gnadenreiche Eingreifen Gottes. In der Hingabe Jesu greift Gott zugunsten seiner Feinde ein. Wer hätte das gedacht?

Wir dürfen diese Überraschung nicht durch theologische Systematisierungen aufheben, auch wenn die ersten Nachfolger Jesu in Jesaja 53 einen Schlüssel zur Deutung des Todes Jesu fanden. Das Leben, die Lehren, der Tod und die Auferstehung Jesu sind nicht in ein System zu pressen. Sie sind vielmehr als eine liebevolle und wehrlose Begegnung mit einer noch unversöhnten Welt zu verstehen. Im Licht seiner Lehre und seines Lebens konnte der Tod Jesu vorausgesehen werden. So ergeht es den Gerechten in einer ungerechten Welt, wie dies in unserer Zeit durch Martin Luther King Jr., Oscar Romero, Mahatma Gandhi und unzählige andere Menschen immer wieder vor Augen geführt wurde. Aber dass der schändliche Tod Jesu ein Friedensakt wurde, ist nur von der kreativen Liebe Gottes her zu verstehen.

Geduld

Kennzeichen dieser stets erfinderischen und kreativen Liebe Gottes ist ironischerweise die Geduld. Das sehen wir schon bei Jesus. Von Anfang an verzichtete er auf die für einen Messias typische Macht. Er widerstand der Ungerechtigkeit, indem er die Kleinen und Schwachen der Gesellschaft zu seinen Freunden und Nachfolgern machte. Er kritisierte Gier und Gewalt, indem er mit den Armen und Schutzlosen das Brot teilte. Sein Protest gegen die Abwertung des Gottesdienstes und des Gebets im Tempel vollzog er in einer Art und Weise, die ihn selbst der behördlichen Gewalt auslieferte. Jesus widerstand der Ungerechtigkeit, nicht aber den

Ungerechten. Ihnen gewährte er Raum und Zeit, um ihn hinzurichten. Er schenkte ihnen aber auch die Gelegenheit, ihm zu folgen. Und als seine Feinde ihn ans Kreuz nagelten, bat er seinen Vater sogar darum, dass er denen, die ihn zu Tode folterten, doch vergeben möge.

Gerade in dieser Haltung, die ich hier Geduld nenne, liegt das geheimnisvolle und machtvolle Wirken Gottes. Zu Beginn dieses Kapitels haben wir in Matthäus 5,38 gelesen, dass die vorletzte Antithese der Bergpredigt erwartet, dem Übeltäter nicht zu widerstehen, sondern ihm die andere Wange hinzuhalten, ihm das Unterhemd zu geben und mit ihm auch noch die zweite Meile zu gehen. Gleich an diesen Abschnitt anschließend, folgt die letzte und krönende Antithese von der Feindesliebe. Die Aufforderung, die Feinde nicht nur nicht zu hassen, sondern sie zu lieben, wird dort damit begründet, dass der Schöpfer die Sonne über Böse und Gute scheinen lässt, so wie er es über Gerechte und Ungerechte regnen lässt.

Wie deuten wir dieses Bild? Dient es uns als Beispiel für die unbegrenzte Großzügigkeit Gottes? Das wäre wohl zu einfach und würde an der geduldigen und hoffnungsvollen Liebe Gottes vorbeigehen. Denn mit Regen und Sonne hält Gott selbst seine Wange hin. Er bietet damit der Menschheit immer wieder die Möglichkeit zur Umkehr, zur Versöhnung und zur Freundschaft. Das Bild zeigt uns also weniger eine unbegrenzte, sondern vielmehr eine ganz gezielte Großzügigkeit Gottes. Jeder neue Tag, gefüllt mit lebensspendender Sonne und erquickendem Regen, ist Gottes geduldiges und hoffendes Angebot der Versöhnung und der neuen Schöpfung. Wenn man nun ein Sohn oder eine Tochter dieses himmlischen Vaters sein will, so wird man die Feinde ebenso lieben müssen.

An dieser Stelle muss ich wieder zur Weisheit Salomos zurückkehren. Salomo ist darüber bestürzt, dass der eingreifende Gott die Gottlosen und Ungerechten am Leben lässt. Wenn es doch wahr ist, dass die leidenden Gerechten sich auf das Eingreifen eines starken und gerechten Gottes verlassen dürfen, stellt sich ihm nun die Frage, warum die Ungerechten denn immer noch am Leben sind und damit den Gerechten weiterhin Leiden zufügen können. Wir werden damit an die (vorwurfsvolle) Frage der Märtyrer in der

Offenbarung erinnert: »Wie lange zögerst du noch, Herr, du Heiliger und Wahrhaftiger, Gericht zu halten und unser Blut an den Bewohnern der Erde zu rächen?« (Offenbarung 6,10).

Auf diese Frage, die so alt ist wie das Leiden der Gerechten, gibt Salomo eine erstaunliche, aber aufschlussreiche Antwort. Gleich nachdem Salomo von jener gewaltigen Macht Gottes spricht, die Ungerechte richtet und vernichtet, lesen wir in Kapitel 11 folgende Verse:

> 21 *Denn du bist immer imstande, deine große Macht zu entfalten. Wer könnte der Kraft deines Arms widerstehen?*
> 22 *Die ganze Welt ist ja vor dir wie ein Stäubchen auf der Waage, wie ein Tautropfen, der am Morgen zur Erde fällt.*
> 23 *Du hast mit allen Erbarmen, weil du alles vermagst, und siehst über die Sünden der Menschen hinweg, damit sie sich bekehren.*
> 24 *Du liebst alles, was ist, und verabscheust nichts von allem, was du gemacht hast; denn hättest du etwas gehasst, so hättest du es nicht geschaffen.*
> 25 *Wie könnte etwas ohne deinen Willen Bestand haben, oder wie könnte etwas erhalten bleiben, das nicht von dir ins Dasein gerufen wäre?*
> 26 *Du schonst alles, weil es dein Eigentum ist, Herr, du Freund des Lebens.*

Die Geduld, die bereit ist, die Wange hinzuhalten, ist demnach nicht eine ohnmächtige Reaktion auf Gewalt und Ungerechtigkeit, sondern ist die machtvolle Aktion jener Liebe und Gnade, die umfassende Freundschaft mit Gott ermöglichen wollen. Dass Gott schließlich den gewaltsamen Tod seines Sohnes als *seinen eigenen* Friedensakt anbietet, ist die größtmögliche Konkretion dieser Geduld. Damit sind wir beim Kern der Wehrlosigkeit angelangt.

Was hat dies alles mit uns und unserer Wehrlosigkeit zu tun?

Welche Bedeutung hat diese Haltung Gottes und insbesondere der wehrlose Tod Christi für unsere Friedenstheologie und -praxis? Diese Frage ist aus verschiedenen Gründen wichtig. In der Auslegungs- und Theologiegeschichte ist es weitgehend üblich, den Tod Jesu ganz vom menschlichen Leiden zu trennen. Als Sühnetod bewirkt dann *allein* das Sterben Jesu unser Heil. Dadurch wird aber sein Tod ethisch von unserer Lebensführung getrennt. Dies führt dann zum Ergebnis, dass unsere Wehrlosigkeit lediglich ein Gehorsamsakt im Vertrauen auf Gottes Eingreifen wird. Sie ist aber nicht die aktive Teilnahme am mysteriösen Eingreifen Gottes durch Leiden, Geduld, Demut und vermeintliche Schwäche.

Wenn wir bei dieser Perspektive bleiben, dann bin ich der festen Überzeugung, dass wir die Wehrlosigkeit, zu der uns das Neue Testament auffordert, noch nicht verstanden haben. Der Friedensakt Christi hat uns zu seinem Leib gemacht (Epheser 2,16). Und wir finden daher unsere volle Menschlichkeit erst in jenem Christus wieder, der sich für uns hingab. Aus diesen Überlegungen ziehen wir nun hier ein Fazit.

1. Wir sind nicht nur Nachfolger oder Nachahmerinnen Christi, sondern wir sind der *Leib* Christi. Die Gemeinde partizipiert dadurch nicht nur an der Identität Jesu als Messias, sondern ebenso an seinem messianischen Auftrag. Anders gesagt: Wir sind dazu berufen, wie Jesus das Reich Gottes anzukündigen und zu verwirklichen (vgl. Matthäus 10; Lukas 10) und so den Frieden als Evangelium zu predigen und ihn durch unsere eigene Hingabe zu realisieren. Wir dienen mit Jesus und wir leiden mit ihm, weil wir auch an seiner Sohnschaft Anteil haben. So wie er nehmen wir unser Kreuz auf uns und so wie er tun wir dies für unsere Feinde.

2. An unsere Überlegungen schließt sich die unausweichliche Schlussfolgerung an, dass wir uns an der aktiven Gerechtigkeit Jesu zu beteiligen haben. Die Evangelien schildern uns nicht

nur die Geschichte und das Ergehen des Gerechten, sondern auch ein Muster, wie wir uns als sein Leib zu benehmen haben. »In ihm« – eine Lieblingsformulierung von Paulus – finden wir unser Heil, aber auch unseren Auftrag.

3. Wir fragen daher, was für ein Leben Jesus geführt hat, welche Gerechtigkeit er ausübte und was bei alledem zu seinem Tod führte. Dabei entdecken wir die unausweichliche Tatsache, dass Jesus in seinem Leben als Verbrecher endete. Er wurde von seinen eigenen Glaubensgenossen den Römern ausgeliefert und wurde wegen seines Widerstandes hingerichtet. Sein Leben war offensichtlich nicht still und unbemerkt. Im Gegenteil, wie uns dies das Johannesevangelium so treffend sagt: Er war ein Licht, das in die Finsternis der Gewalt, der Ungerechtigkeit, der Unterdrückung und des Unglaubens eindrang und dabei so blendend war, dass die Finsternis es zu löschen suchte (vgl. Johannes 1,9; 3,19; 8,12; 12,46). Wehrlosigkeit, wie Jesus sie lebte, wurde inmitten der Finsternis praktiziert. Und deshalb bat Jesus seine Jünger: »Nehmt *euer* Kreuz auf *euch*; lebt so, dass euer Sein und eure Tätigkeit die Aufmerksamkeit der Mächte erregt.« Sollen wir uns denn nicht von den Werken der Finsternis absondern? Natürlich (vgl. Römer 13), aber diese Absonderung soll inmitten der Finsternis geschehen; da, wo sie provoziert und als alternativer Lebensstil bemerkt wird (Epheser 5,8–14). Nur dann bringt die Nachfolge das *Kreuz*.

4. Jenes Leiden, welches die Nachfolger Jesu damit unvermeidlich auf sich ziehen, wird nun von Gott nicht nur wieder beseitigt – wie dies das Paradigma des leidenden Gerechten behauptet –, sondern es wird in der Hand Gottes zum Mittel der Versöhnung. Wie sonst könnten wir die Worte in Kolosser 1,24 verstehen:

Jetzt freue ich mich in den Leiden, die ich für euch ertrage. Für den Leib Christi, die Kirche, ergänze ich in meinem irdischen Leben das, was an den Leiden Christi noch fehlt.

5. Bedeutet dies alles, dass wir unser Leben durch unsere Wehrlosigkeit als Sühneopfer hingeben? Wir müssen an dieser Stelle acht geben, dass wir nicht die Bedeutung des Todes Jesu abwerten. Und dies will ich auf keinen Fall tun. Allerdings macht das Neue Testament immer wieder klar, dass unsere Hingabe nicht von der Hingabe Christi zu trennen ist (z. B. Hebräer 13,12–13). Dabei ist unsere Wehrlosigkeit nicht auf eine bestimmte Erlösungsformel zu beziehen, sondern ist im Verhältnis zu jener hartnäckigen Liebe, Kreativität und Überraschung zu verstehen, die sich als »Torheit Gottes« im Kreuz offenbart (1. Korinther 1). Es ist diese wundersame und wahnsinnige Macht Gottes, die aus Feindschaft Versöhnung und aus Folter und Schmach neues Leben zu schaffen vermag. Und an dieser Schöpfung nehmen wir als Leib Christi teil.

Es ist genau diese Haltung, die von den Gliedern des Leibes Christi verlangt wird, wie dies am Beginn der Paraklese in Epheser 4 deutlich wird:

> 1 *Ich, der ich um des Herrn willen im Gefängnis bin* (wörtlich: Gefangener im/wegen des Herrn), *ermahne euch, ein Leben zu führen, das des Rufes würdig ist, der an euch erging.*
> 2 *Seid demütig, friedfertig und geduldig, ertragt einander in Liebe*
> 3 *und bemüht euch, die Einheit des Geistes zu wahren durch den Frieden, der euch zusammenhält* (wörtlich: eifrig/emsig die Einheit des Geistes mit der Kette des Friedens zu befestigen).

In diesem Abschnitt begegnen wir einer merkwürdigen Mischung. Wir sollen uns dem hohen Stand als »Söhne und Töchter Gottes« entsprechend benehmen und dies bedeutet konkret: seid demütig, friedfertig und geduldig, so wie Gott es ist und Christus es war.

Wir erinnern uns bestimmt an das große Christuslied in Philipper 2,5–11. Zusammengefasst lesen wir dort: »Seid untereinander so gesinnt, wie es Jesus auch war. Er hat seinen hohen Stand nicht ausgenutzt, sondern hat sich zum Sklaven für andere gemacht.« Im Licht unserer Gedankenentfaltung sollten wir vielleicht besser sagen: »... der seine hohe Macht in seiner Hingabe bis zum Tod, in seiner freiwilligen Entmachtung, zum vollen Ausdruck gebracht hat. Gerade deshalb hat ihm Gott den Namen über alle Namen gegeben.« Für uns ist nun wichtig, dass wir genauso gesinnt sein sollen und – dies ist noch wichtiger – genauso handeln sollen. Nicht, weil wir schwach sind, sondern gerade weil wir Söhne und Töchter jenes Gottes sind, den Jesus »Vater« nannte und uns lehren wollte, ihn ebenfalls Vater zu nennen. Dabei wird nun deutlich, dass die Anrede Gottes als »Vater« auch die Beteiligung an seiner Geduld mit sich bringt. Denn nur die, die Feinde lieben, haben ein Anrecht auf den Titel »Sohn« bzw. »Tochter« (Matthäus 5,44–45).

Es überrascht uns jetzt wohl nicht mehr, am Schluss von Epheser 4 zu lesen:

> 32 *Seid gütig zueinander, seid barmherzig, vergebt* (begnadigt) *einander, weil auch Gott euch durch Christus vergeben* (begnadigt) *hat.*
> 5 1 *Ahmt Gott nach als seine geliebten Kinder*
> 2 *und liebt einander, weil* (wie!) *auch Christus uns geliebt und sich für uns hingegeben hat als Gabe und als Opfer, das Gott gefällt.*

Damit beginnt sich hier ein zusammenfassendes Bild zu formen, das den Lebensstil des Leibes Christi vor Augen führt:

1. Die Bereitschaft zu leiden, anstatt zu überwältigen, d. h. nicht nur unseren Schwestern und Brüdern gegenüber mit Geduld zu begegnen, sondern auch unseren Feinden, ist eine Grundhaltung und Einstellung, die vom Charakter Gottes, der sich in Christus in besonderer Weise offenbart hat, abgeleitet und gelernt wird.

2. Mit dieser Haltung imitieren wir den Herrn Jesus, der sich für andere wie ein Sklave bis in den Tod hingab. Sie ist jedoch nicht nur Nachahmung Christi, sondern Teilnahme an seinem Weg.

3. Ein derart geduldiges und doch hoffnungsvoll leidendes Leben ist letztlich nicht nur die Imitation Christi, sondern ahmt Gott selbst nach (Epheser 5,1). Denn Christus hat uns nicht mit einem rachevollen Gott versöhnt. In Christus versöhnt Gott vielmehr die Welt mit sich selbst. Und wir sind nun Nachahmer *und Teilnehmerinnen* an diesem göttlichen Unternehmen, wie dies Paulus in 2. Korinther 5,14–6,1 in unvergesslicher Weise formuliert:

> 14 *Denn die Liebe Christi drängt uns, da wir erkannt haben: Einer ist für alle gestorben, also sind alle gestorben.* 15 *Er ist aber für alle gestorben, damit die Lebenden nicht mehr für sich leben, sondern für den, der für sie starb und auferweckt wurde. (...)*
> 17 *Wenn also jemand in Christus ist, dann ist er eine neue Schöpfung* (wörtlich: dann gibt es neue Schöpfung): *Das Alte ist vergangen, Neues ist geworden.* 18 *Aber das alles kommt von Gott, der uns durch Christus mit sich versöhnt und uns den Dienst der Versöhnung aufgetragen hat.* 19 *Ja, Gott war es, der in Christus die Welt mit sich versöhnt hat, indem er den Menschen ihre Verfehlungen nicht anrechnete und uns das Wort von der Versöhnung* (zur Verkündigung) *anvertraute.*
> 20 *Wir sind also Gesandte an Christi statt, und Gott ist es, der durch uns mahnt. Wir bitten an Christi statt: Lasst euch mit Gott versöhnen!*
> 21 *Er hat den, der keine Sünde kannte, für uns zur Sünde gemacht, damit wir in ihm Gerechtigkeit Gottes würden.*
> 6 1 *Als Mitarbeiter Gottes ermahnen wir euch, dass ihr seine Gnade nicht vergebens empfangt.*

Wer sind diese Mitarbeiter Gottes? Es sind Menschen, mit denen Gott selbst einmal unendlich Geduld haben musste. Sie wurden zur

Mitarbeit berufen, als sie, wie Paulus in Römer 5 deutlich sagt, noch Schwache, Sünder und Feinde Gottes waren.

Diese im Evangelium verankerte Geduld und Wehrlosigkeit ist schwer zu praktizieren. Sie hat schon oft weit mehr gekostet, als wir uns dies vorstellen können. Und daran hat sich bis heute nichts geändert. Deshalb wusste Paulus, dass wir für einen solchen Lebensstil einen von Christus geprägten Charakter brauchen. Und so beenden wir diese Ausführungen mit den ersten Versen aus dem eben zitierten fünften Kapitel des Römerbriefes:

> 1 *Gerecht gemacht aus Glauben, haben wir Frieden mit Gott durch Jesus Christus, unseren Herrn.*
> 2 *Durch ihn haben wir auch den Zugang zu der Gnade erhalten, in der wir stehen, und rühmen uns unserer Hoffnung auf die Herrlichkeit Gottes.*
> 3 *Mehr noch, wir rühmen uns ebenso unserer Bedrängnis; denn wir wissen: Bedrängnis bewirkt Geduld,*
> 4 *Geduld aber Bewährung,*
> *Bewährung Hoffnung.*
> 5 *Die Hoffnung aber lässt nicht zugrunde gehen; denn die Liebe Gottes ist ausgegossen in unsere Herzen durch den Heiligen Geist, der uns gegeben ist.*

Gemeinsam mit Jim Ballenger, mit dessen Geschichte ich dieses Kapitel begann, sind wir uns dieser Hoffnung bewusst. Und so ist Wehrlosigkeit eine mutige und selbstlose Haltung, die bereit ist, die Türen zur Versöhnung in derselben Weise offen zu halten, wie dies Gott in und durch Christus tat. Mehr noch: Mittels Sonne und Regen, sowie durch seine Kinder (Matthäus 5,9.44.45), ist der geduldige und liebende Gott auch heute noch auf der hoffnungsvollen Suche nach Söhnen und Töchtern inmitten seiner Feinde.

Anmerkungen

11 »Born again« hat in Nordamerika einen eigenen Klang und wird derzeit oftmals mit »Fundamentalist« gleichgesetzt. Die HörerInnen dieses Interviews waren daher bestimmt überrascht, da in ihren Ohren die Worte von Jim Bellanger so viel bedeuten wie: *»Ich vergebe, denn ich bin Fundamentalist.«*

12 BERNHARD OTT, *Schalom – Das Projekt Gottes*. Weisenheim: Agape, [2]2007. Das Buch gehört zu dem von der Mennonitischen Weltkonferenz (MWK) angeregten Studienprozess *Global Anabaptist-Mennonite Shelf of Literature*. Indem einzelne Buchtitel »auf das Regal gestellt« werden, soll im Laufe von zehn Jahren eine gemeinsame Auswahl an Büchern entstehen, die von möglichst vielen täuferisch-mennonitischen Gemeinden auf der ganzen Welt gelesen werden und dadurch einen identitätsstiftenden und verbindenden Beitrag leisten.

13 Anders als das alttestamentliche Buch der Sprüche, das ebenfalls Salomo zugeschrieben wird, handelt es sich bei der Weisheit um einen Text, der zu den Apokryphen gezählt wird und möglicherweise erst kurz vor der neutestamentlichen Zeit verfasst worden ist.

14 So lautet unter den Aussiedlern aus der ehemaligen UdSSR, die, anders als viele ihrer Verwandten und Bekannten, das gewaltsame Sowjet-Regime nicht nur mit-, sondern auch überlebt haben, der Titel eines noch heute oft gesungenen Liedes bezeichnenderweise »Wehrlos und verlassen«.

3. WIDERSTAND

FRIEDENSZEUGNIS UND (GEISTLICHER) KAMPF: EPHESER 6,10–20

In den bisherigen Ausführungen habe ich bereits angedeutet, dass eine vom Evangelium geprägte Friedenspraxis neben Wehrlosigkeit auch Widerstand als ein wesentliches Charakteristikum beinhaltet. Die sich an Gottes Geduld orientierende Wehrlosigkeit wird dort praktiziert, wo Gottes Willen Widerstand erfährt. Im Bild gesprochen: Das Licht der Wehrlosigkeit scheint ganz absichtlich in der Finsternis und leistet dadurch der sich ausbreitenden Dunkelheit Widerstand. Wehrlosigkeit zeichnet damit jene aus, die durch ihr gerechtes Leben der Ungerechtigkeit in dieser Welt widerstehen. Die Wange hinzuhalten bedeutet daher nicht, sich aus den Konflikten des Lebens zurückzuziehen, sondern ist vielmehr als ein hoffnungsvolles Handeln inmitten dieses konfliktreichen Lebens zu verstehen.

Wir erinnern uns hier an das Bild des Friedens, das wir uns im ersten Kapitel angesehen haben. Ganz im Zentrum dieses Bildes steht ja das Kreuz, das uns die brutale Rache des Römischen Reiches ebenso vor Augen führt wie die Schutzlosigkeit des Messias. Schauen wir jedoch genau hin, dann können wir erkennen, dass das

Kreuz gleichzeitig die Tatwaffe ist, mit der Jesus die Feindschaft ermordet hat (Epheser 2,16).

Diesen Ansatz will ich in den nun folgenden Ausführungen vertiefen, indem ich vom Widerstand als einem wesentlichen Bestandteil einer vom Evangelium geprägten Friedenstheologie und -ethik spreche.

Macht und Befugnis

Zu Beginn meiner Doktorarbeit habe ich an einem Seminar teilgenommen, in dem wir diverse neutestamentliche und außerbiblische Schriften studiert haben. Darunter befand sich auch der Epheserbrief und der zuständige Professor teilte mich in diese Arbeitsgruppe ein. Er konnte damals nicht wissen, was er damit bei mir auslösen würde. Jedenfalls verbrachte ich einige sehr intensive Studientage im Keller unserer Bibliothek und arbeitete an diesem Brief.

Dabei machte ich eine für mich sehr wichtige und neue Entdeckung: Immer wieder stieß ich auf eine äußerst starke Betonung von Macht, Kraft und Stärke. Auffälligerweise ging es dabei nicht nur um die Macht Gottes, sondern ebenso um die Ermächtigung der Gemeinde als Leib Christi. Ich begann mich zu fragen: Warum ist das so? Wozu soll diese Macht dienen? Denn Macht hat doch nur dann einen Sinn, wenn man sie für etwas benötigt.

Im Folgenden will ich diese Einsicht exemplarisch verdeutlichen. So wird etwa in der zweiten Hälfte des ersten Kapitels beschrieben, was der Apostel für die Empfänger des Briefes andauernd erbittet (Epheser 1,18ff; Luther):

> *Und er gebe euch erleuchtete Augen des Herzens, damit ihr erkennt, zu welcher Hoffnung ihr von ihm berufen seid, wie reich die Herrlichkeit seines Erbes für die Heiligen ist* [19] *und wie überschwänglich groß seine Kraft an uns, die wir glauben, weil die Macht seiner Stärke bei uns wirksam wurde,* [20] *mit der er in Christus gewirkt hat. Durch sie hat er ihn von den Toten auferweckt und eingesetzt zu seiner Rechten im Himmel* [21] *über*

alle Reiche, Gewalt, Macht, Herrschaft und alles, was sonst einen Namen hat, nicht allein in dieser Welt, sondern auch in der zukünftigen. [22] *Und alles hat er unter seine Füße getan und hat ihn gesetzt der Gemeinde* (te ekklesia) *zum Haupt über alles,* [23] *welche sein Leib ist, nämlich die Fülle* (to pleroma) *dessen, der alles in allem erfüllt.*

Paulus bittet in diesen Versen darum, dass den Lesern Weisheit und Einsicht geschenkt wird. Was aber sollen sie erkennen? Folgende drei Punkte scheinen mir wichtig:

a) Es geht um die überragend große Macht Gottes, die sich in der Energie seiner Stärke und Kraft erweist. Insgesamt werden hier also vier kraftvolle Wörter verwendet: Macht, Energie, Stärke, Kraft. Am Schluss der ersten Hälfte des Briefes wird dieses Gebet fortgesetzt, und zwar erneut mit der Betonung auf Stärke und Kraft (vgl. Epheser 3,14–21).

b) Obwohl diese Kraft letztlich unermesslich bleibt, wird in der Auferstehung und Erhöhung Christi »hoch über alle Fürsten und Gewalten, Mächte und Herrschaften und Namen« (vgl. Epheser 3,21) deutlich, wie groß diese Macht ist.

c) Diese kräftige und energievolle Macht ist für uns. Sie wirkt »an uns«. Als Glieder des Leibes Christi sind wir die Begünstigten dieser göttlichen Macht.

Der letzte Punkt wird in den beiden letzten Versen des ersten Kapitels betont. Es ist nun allerdings schwierig, den griechischen Text an dieser Stelle ganz genau zu übersetzen. Unklar ist insbesondere, wie die Dativformulierung *te ekklesia* (der Gemeinde) einerseits und das Wort *to pleroma* (die Fülle) andererseits interpretiert werden sollen. Es stellt sich die Frage: Ist es Christus gegeben, das »Haupt zu sein über alles (das All)«, um

- als Haupt über der Gemeinde zu stehen (so etwa die Einheitsübersetzung; Luther)?

- damit zugunsten der Gemeinde zu sein?
- dies durch oder mittels die Kirche zu verwirklichen?

Findet sich in dieser nicht eindeutig zu übersetzenden Dativformulierung möglicherweise ein Schlüssel, mit dessen Hilfe wir einen Zugang zum Machtverständnis in diesem Brief öffnen können? Wir müssen wohl davon ausgehen, dass die Mehrdeutigkeit des Dativs höchstwahrscheinlich absichtlich gewählt wurde, und wir sollten sie daher auch respektieren. Aber gerade deshalb ist die letztgenannte Übersetzungsmöglichkeit nicht von vornherein auszuschließen. Verhilft uns die rätselhafte Redewendung »durch die Kirche/Gemeinde« sogar zu einer Ahnung dessen, wie wir als Gemeindeglieder in die Heilsaktivität Gottes miteinbezogen werden?

Wie wir in Epheser 1,10 lesen, ist Gott dabei, alles, alle Dinge und das All *(ta panta)* in und durch Christus zusammenzufassen und damit unter den einen Haupttitel zu bringen.[15] Ist es nun möglich, dass der Leib Christi an diesem Projekt beteiligt ist und gerade deshalb von jener Macht wissen sollte, die für ihn da ist?

Nach meiner Meinung trifft genau dies zu. Und gerade deshalb sollten wir nicht nur wissen, wer wir als Leib Christi sind, sondern ebenso, wozu wir erwählt und berufen worden sind und welche Kraft uns dafür zur Verfügung steht.

Im zweiten Kapitel des Epheserbriefes wird dies deutlich. Dort machen die ersten Verse unmissverständlich klar, dass wir alle – Juden und Heiden – gleichermaßen tot in unseren Sünden waren und uns unter der Kontrolle des Geistes dieser üblen Atmosphäre befanden. Gott aber (vgl. Epheser 2,4) hat uns aus dieser tödlichen Kultur des Ungehorsams befreit und uns zusammen mit Christus wieder lebendig gemacht. Haben wir bemerkt, dass wir hier mit Christus identifiziert werden? Weiter lesen wir nun, dass wir mit Christus zusammen in die Himmel gesetzt worden sind. Es handelt sich bei diesem himmlischen Platz nicht um eine Beschreibung unseres zukünftigen Wohnortes. Gemeint ist hier: wir sind mit Christus erhöht und damit mit Status, Macht und einem Auftrag ausgestattet. Im ersten Kapitel des Briefes hören wir von der Auferstehung und der Erhöhung Christi. Jetzt aber, in Kapitel zwei, ist von der Mitauferstehung und der Miterhöhung seines Leibes die Rede. Das ist Erlösung im wahrsten Sinne des Wortes!

Wir haben also von unserer Auferstehung und Erhöhung gelesen, nicht aber von unserer Entrückung. Für den Leib Christi gibt es daher offensichtlich noch etwas zu tun. Wir sind zwar aus Gnade gerettet und nicht aus Werken. Und doch sind wir *für* die guten Werke errettet, die Gott schon von vornherein geschaffen hat (vgl. Epheser 2,10). Die Werke sind nicht die Ursache unserer Rettung, so dass sich ihrer niemand rühmen kann. Aber die Werke sind das Ziel unserer Rettung. Wir sind erlöst worden, um wirksam zu sein.

Welche Werke sind damit gemeint? Ist es möglich, vom Epheserbrief ausgehend festzustellen, wie der Leib Christi wirksam sein soll? In gewisser Weise findet sich die Antwort bereits in der Sprache vom »Leib«. Denn sie macht deutlich, dass es darum geht, das Werk Christi sichtbar zu verwirklichen. Und dieses messianische Werk kann ganz kurz zusammengefasst werden:

- Den Frieden Gottes zu verkündigen;
- den Frieden Gottes zu verwirklichen
- und diesen Frieden zu sichern, indem wir den Kampf gegen jene Mächte aufnehmen, die sich gegen den friedlichen Willen Gottes stellen.

Verkündigung

Wie wir bereits im ersten Kapitel bemerkt haben, ist die Verkündigung des Friedens ein wesentliches Element im Friedenswerk Jesu (vgl. Epheser 2,17). Wie sollte dies nun nicht auch für seinen Leib zutreffen? Schon früher in Kapitel zwei des Epheserbriefes ist davon die Rede, dass Gott durch die Wiederbelebung der Toten den kommenden Äonen seine Gnade zeigen wollte (vgl. Epheser 2,7). Beinhaltet diese Formulierung etwa nicht nur die kommenden Zeiten, sondern findet sich darin vielleicht auch eine Anspielung auf hypostatische (gegenständliche) Mächte? Will Gott durch die Existenz der Gemeinde, die als Leib Christi ehemals verworfene Söhne und Töchter des Ungehorsams beheimatet, die jetzt in guten

Werken wandeln, den kommenden Äonen zeigen, dass es mit Tod und Ungehorsam ein Ende hat?

Zumindest lesen wir in Epheser 3,10, dass die Kirche die Mächte über die mannigfaltige Weisheit Gottes informieren soll. Das Geheimnis Christi wird damit öffentlich enthüllt: Die Feindschaft unter den Menschen kann ein Ende haben. Gott will alle seine Kinder – Juden und Heiden – in seine Familie aufnehmen und er hat durch Christi Verkündigung, Leben, Tod und Auferstehung damit begonnen, dieses Mysterion zu realisieren. An diesem Projekt ist die Kirche Jesu beteiligt. Denn es ist ihre Aufgabe, durch ihre »guten Werke«, d. h. ihr Sein – ihre Taten und Worte – den Mächten dieses Geheimnis zu verkündigen und sie darüber zu informieren. Dazu hat Gott die Kirche bestimmt.

Obwohl diese zwei Texte den Horizont und den Rahmen der Friedensverkündigung nur kurz andeuten, wird uns sogleich klar, dass der Leib Christi nicht nur in ein umfangreiches, sondern auch in ein risikoreiches Projekt gerufen ist und dazu dringend der Macht Gottes bedarf. Es sollte uns daher nicht überraschen, dass die zweite Hälfte des Briefes, die Paraklese, in einem Aufruf zum Kampf gipfelt. Steht also in der ersten Hälfte des Briefes der Friede im Mittelpunkt, bildet ein Kampfesaufruf den Höhepunkt der zweiten Hälfte. Friedensverkündigung ist demnach nicht genug. Jetzt geht es um Streit.

Bekämpfung

Am Ende des Briefes hören wir folgenden Aufruf (Epheser 6,10ff):

> *Zum Schluss* (oder vielleicht auch: »von jetzt an«) *ermächtigt euch im Herrn mit seiner Kraft und Stärke. Und zieht an die Rüstung Gottes, womit ihr den Methoden oder Strategien des Diabolos widerstehen könnt.*
> *Denn wir kämpfen/ringen nicht gegen Blut und Fleisch* (menschliche Gegner), *sondern*

- *gegen Fürsten und Gewalten, gegen die Beherrscher dieser finsteren Welt, gegen die bösen Geister des himmlischen Bereichs.* (Einheitsübersetzung)
- *mit Mächtigen und Gewaltigen, nämlich mit den Herren der Welt, die in dieser Finsternis herrschen, mit den bösen Geistern unter dem Himmel.* (Luther)

Exakt dieselbe Gemeinde, die aus dem Friedensakt Gottes in Christus resultiert, die mit Christus ins Leben gerufen wurde und mit ihm auf den himmlischen Thron gesetzt worden ist, genau diese Kirche wird jetzt in den messianischen Kampf gerufen. Die Erhöhung der Gemeinde ist somit nicht von diesem Aufruf und dem damit verbundenen Auftrag zu trennen. Gemäß dem Epheserbrief gibt es keine Erlösung ohne Auftrag; keine Gnade ohne Werke (die Werke sind nicht die Bedingung für die Erlösung, sondern eine unausweichliche Folge derselben); keine neue Schöpfung ohne Teilnahme an der Herrschaft Christi.

In 1. Korinther 15,23–38 wird uns gesagt, dass sich die Herrschaft Christi im Kampf gegen die de facto schon geschlagenen Mächte und Gewalten realisiert. Von diesem Text ausgehend kann daher ohne Übertreibung gesagt werden: Die Herrschaft Christi bedeutet Kampf. Christus herrscht, bis alle Mächte, inklusive der Tod als letzter Feind, besiegt worden sind, und erst dann übergibt er sein Reich an seinen Vater.

Gewissermaßen als Echo hören wir diese eindrücklichen Pauluswort aus dem ersten Korintherbrief nun auch im Epheserbrief. Allerdings wird hier eine ekklesiologische Perspektive verfolgt, indem jetzt die Gemeinde als Leib Christi in den Kampf gegen die Mächte gerufen wird.

Exkurs: Die Mächte

Bevor wir das Thema »Widerstand« anhand des Epheserbriefes weiter vertiefen können, müssen wir uns zunächst der Frage zuwenden, wer oder was mit jenen Mächten gemeint ist, gegen die wir kämpfen sollen. Obwohl in den Evangelien und anderen Schriften des Neuen Testaments häufig Dämonen, Satan oder der Teufel *(diabolos)* anzutreffen sind, findet sich die Rede von »Mächten und Gewalten« besonders in den paulinischen Schriften. Auch der Epheserbrief verwendet diese Sprache, und zwar nirgendwo so deutlich und umfassend wie in Epheser 6,12.

Wie aber müssen wir uns die Mächte vorstellen? Manchmal scheinen sie menschliche Züge zu tragen, wie etwa da, wo sie für die Kreuzigung Christi verantwortlich sind (1. Korinther 2,6–8). Andernorts aber scheinen sie »geistlich« oder wenigstens »übermenschlich« zu sein. So sind sie z. B. durch das Kreuz Christi besiegt worden (Kolosser 2,15), obwohl sie Christus selbst einst schuf (Kolosser 1,16).

Der Begriff »Mächte« wird offensichtlich mehrdeutig verwendet. Es erstaunt daher kaum, dass in der wissenschaftlichen Forschung kein Konsens über die Identität dieser Mächte besteht. Und es ist ebenso wenig verwunderlich, dass auch die entsprechenden Auslegungsergebnisse in der weiteren christlichen Glaubensgemeinschaft sehr heterogen ausfallen. Wir müssen daher von einem breiten Spektrum im Verständnis der Mächtelehre sprechen:

a) Am einen Ende dieses Spektrums werden die Mächte geistlich interpretiert. Hier wird von »geistlichem Kampf« (spiritual warfare) und »territorialen Geistern« (territorial spirits) gesprochen. Die Mächte und Gewalten werden dabei dämonisch verstanden und sind eindeutig dem Bösen zuzuordnen. In der Regel sieht diese Perspektive wenig Verbindungen zu den sozialen, politischen und ethischen Dimensionen des gesellschaftlichen Lebens. Der Kampf gegen die Mächte wird vielmehr exorzistisch verstanden und ausgeübt. Auch Epheser 6,12 wird in diesem Sinne ausgelegt. Dabei denke ich vor allem an die Beiträge von C. Peter Wagner, John Wimber und im Blick auf den Epheserbrief besonders an diejenigen von Clinton Arnold, die als Vertreter der sogenannten »dritten Welle« der charismatischen Bewegung dieses Verständnis auch maßgeblich mitgeprägt haben.[16]

b) Ganz anders werden die Mächte auf der anderen Seite des Spektrums interpretiert. Ich zitiere dazu einige Sätze von John

Howard Yoder, der absichtlich abstrakt behauptet, dass es sich bei den Mächten,

> *»um ein umfassendes Bild religiöser Strukturen (besonders religiöser Untermauerungen stabiler früher und primitiver Gesellschaften), intellektueller Strukturen (-ologien und -ismen), moralischer Strukturen (Verhaltenskodices und Bräuche) und politischer Strukturen (Diktatur, Markt, Schul- und Gerichtswesen, Rasse, Nation) handelt. Die Totalität ist in ihrer Breite überwältigend.«*[17]

Bei Yoder geht es demnach weniger um Dämonen als vielmehr um Strukturen; also um jene gesellschaftlichen und kulturbedingten Wirklichkeiten, in denen wir täglich leben und die unser Leben größtenteils sowohl zum Guten als auch zum Bösen hin bestimmen. Diese Einsicht hatte Yoder dem niederländischen Theologen Hendrik Berkhof zu verdanken, dessen kleines Buch *Christus en de Machten* 1953 erschien und von Yoder ins Englische übersetzt worden ist.[18]

Diese Überzeugung hallt in dem großen dreibändigen Werk von Walter Wink über die Mächte wider. In seinem Buch *Naming the Powers* interpretiert er die Mächte als

> *»Legitimationen, Autoritätssitze, hierarchische Systeme, ideologische Rechtfertigungen und Strafmaßnahmen, die menschliche Amtsinhaber ausüben, diese jedoch in Zeit und Macht transzendieren.«*[19]

Und in *Engaging the Powers* sagt er:

> *»In biblischer Sicht sind die Mächte sichtbar und unsichtbar, irdisch und himmlisch, geistlich und institutionell. Sie weisen eine äußere, physische Form auf (Gebäude, Faxmaschinen, Computer, usw.), führen aber auch ein inneres Eigenleben und besitzen in dieser Wesenhaftigkeit eine eigenständige Spiritualität und Persönlichkeit.«*[20]

Dieses Netzwerk von Mächten beschreibt Wink in vielen seiner Veröffentlichungen als »Beherrschungssystem« (domination system).

In Anlehnung an Wink beschreibt der gebürtige Kroate Miroslav Volf in seinem viel beachteten Buch *Exclusion and Embrace* die Mächte als

> *»allgegenwärtiges und doch sublimes Übel; das kaum fassbare Innere verzerrter Institutionen, Strukturen und Systeme, unter denen viele leiden und über die sich alle beklagen, für die aber keiner verantwortlich ist und die niemand anzugreifen weiß.«*[21]

Das Dämonische dieser Mächte besteht demnach nicht in ihrer personenhaften List und Bosheit oder in ihrer Transzendenz. Das Dämonische liegt in ihrer Kapazität, als gefallene Mächte die Kultur, die Denk- und Handlungsweise der Menschheit zu kontrollieren (in Epheser 2,1–3 ist dazu passend von der »Luft« und »Atmosphäre« die Rede). Aber – und darin unterscheidet sich diese Sicht von der unter a) genannten Position – die Mächte sind nicht an und für sich teuflisch.

Bei dieser Auslegung spielt Kolosser 1,16 eine wichtige Rolle. Wie ich weiter oben bereits angedeutet habe, wird da in einem großen Christushymnus behauptet, dass Christus selbst die Mächte geschaffen hat. Nach Kolosser 2,15 hat er sie aber auch besiegt und in einem Triumphzug öffentlich zur Schau gestellt. Ich zitiere hier wiederum Yoder:

> *»Ihrem Wesen nach können all diese Strukturen als Teile einer guten Schöpfung angesehen werden. (...) Wir können nicht ohne sie leben. Strukturen sind und waren nie nur die bloße Summe der Individuen, aus denen sie sich zusammensetzen. Das Ganze ist mehr als die Summe seiner Bestandteile. Und dieses ›mehr‹ stellt eine unsichtbare Macht dar, auch wenn wir nicht gewohnt sind, uns diese Mächte als Person oder Engel vorzustellen.«*[22]

Diese geschaffenen Mächte sind jedoch gefallen – Volf nennt sie »verzerrt« – und verlangen daher den unbedingten Gehorsam. Deshalb sagt Yoder: »Wir können nicht mit ihnen leben.«[23] In ihrer Gefallenheit muss den Mächten widerstanden werden.

Weil sie jedoch ursprünglich zur Schöpfung Christi gehören und als geschaffene Strukturen das Leben der Menschheit ermöglichen, müssen sie aber auch erlöst werden. Folgt man dieser Mächtelehre, geht es weniger um Exorzismus als vielmehr um Kritik, Urteil und Transformation.

Es ließe sich hier sicherlich länger darüber diskutieren, ob eine solche Transformation durch eine Reform von innen erreicht werden kann, bei der sich die Kirche aktiv für eine »bessere« Welt engagiert, oder ob nicht doch der radikale Widerstand, der als evangelistisches und prophetisches Engagement auch die Bereitschaft zum schutzlosen Leiden beinhaltet, die angemessenere und auch realistischere Haltung und Handlungsweise der Gemeinde gegenüber den Mächten ist. Ich finde es diesbezüglich äußerst interessant zu bedenken, dass ein täuferischer Theologe wie Yoder und dessen sehr einflussreiche Auffassung über das Wesen der Mächte und darüber, wie man sie »bekämpft«, maßgeblich von einem reformierten Theologen wie Hendrik Berkhof geprägt worden ist.

Am Ende dieses Exkurses bleibt noch die Frage, ob wir uns für die eine oder andere der eingangs erwähnten Positionen entscheiden müssen. Ich möchte vorschlagen, dass wir die zwei Auffassungen nicht als exklusive Alternativen gegeneinander ausspielen. Für uns stellt sich die Aufgabe, die Tatsache zu respektieren und sogar anzunehmen, dass im Neuen Testament die Mächte in ganz unterschiedlichen Facetten dargestellt werden. Daher ist zwischen den Extremen des genannten Spektrums viel offenes Gelände zu entdecken. Und der Geist des Epheserbriefes, durch den alle Dinge – auch alle Mächte! – unter die Herrschaft Christi gebracht werden sollen, ermutigt uns, in dieser Richtung unterwegs zu sein.

Der Epheserbrief und die Mächte

Damit kehren wir wieder zum Epheserbrief zurück. Wie verhält er sich zu diesem Thema? Hätten wir neben diesem Brief keine anderen thematisch relevanten Texte im Neuen Testament, könnte der Eindruck entstehen, dass die Mächte als »Truppen des Teufels« von Grund auf böse sind und alles versuchen, um die Menschheit von Gott fernzuhalten. In Epheser 6,12 werden die Mächte eindeutig mit schwarzer Farbe gemalt. Und es gilt daher, sie zu bekämpfen, zu überwinden und zu vernichten.

Zu der Stelle schreibt Heinrich Schlier in seinem Epheserkommentar folgende Zeilen, in denen die Mächtelehre Yoders, Winks und Volfs erneut anklingen:

> *»Die Feinde sind nicht der oder jener, auch nicht ich selbst, sind nicht Blut und Fleisch. Auch Blut und Fleisch können natürlich in diesem Kampf vorgeschoben werden. Aber die Auseinandersetzung geht tiefer. Sie geht gegen eine Unzahl von unermüdlich angreifenden Gegnern, die nicht recht zu fassen sind, die keinen eigentlichen Namen haben, nur Kollektivbezeichnungen; die auch von vornherein dem Menschen überlegen sind, und zwar durch ihre überlegene Position, durch ihre Position ›in den Himmeln‹ des Daseins, überlegen auch durch die Undurchsichtigkeit ihrer Position und ihre Unangreifbarkeit – ihre Position ist ja die ›Atmosphäre‹ des Daseins, die sie selber in ihrem Sinn um sich verbreiten; die endlich alle voll wesenhafter, tödlicher Bosheit sind.«*[24]

Davon, dass Christus selbst die Mächte geschaffen habe, wie wir dies im Kolosserbrief lesen, ist im Epheserbrief keine Rede. Wenn wir aber bedenken, dass Gott nach Epheser 1,10 die Absicht hat, »alles« bzw. »alle Dinge« unter der »Überschrift« Christi zu vereinen, dann sollten wir vielleicht nicht allzu schnell eine unüberwindbare Spannung zwischen Epheser- und Kolosserbrief postulieren. Und ebenso wenig sollten wir voreilig einen Graben zwischen den Auslegungen Yoders und denjenigen anderer Theologen öffnen.

Aufschlussreich ist ein Blick in das fünfte Kapitel des Epheserbriefes. Dort wird die Gemeinde eindringlich ermahnt, sich total von den Werken der Finsternis abzusondern. In den paulinischen Briefen findet sich wohl kaum ein ausdrücklicherer Aufruf zum

Nonkonformismus, noch eine pointiertere dualistische Darstellung zwischen den Werken der Finsternis und jenen des Lichts.

Wenn wir jedoch genau hinsehen, können wir erstens erkennen, dass diese abgesonderte Gemeinde sich in ihrem Fernhalten trotzdem der Finsternis zuwenden soll, und zwar mit Aufdeckung und Kritik. Das hier verwendete griechische Wort *elencho* kann mit aufdecken, widerlegen oder kritisieren übersetzt werden. In unserem Fall bedeutet dies: Die Wahrheit über die Finsternis soll ans Licht gebracht werden. Absonderung meint hier also nicht weggehen, wie dies in der Geschichte der Mennoniten oft interpretiert wurde. Denn man kann nicht widerlegen, aufdecken, kritisieren oder die Wahrheit sagen, wenn man abwesend ist. Nonkonformismus wird damit nicht außerhalb, sondern gerade inmitten der Finsternis praktiziert. Nonkonformismus bedeutet Widerstand.

Zweitens wird in diesem Kapitel deutlich, dass dieses Aufdecken nicht nur ein richtendes Vertreiben der Finsternis meint. Erstaunlicherweise wird durch die Beleuchtung der wahren Lage die Finsternis verwandelt: »Alles, was aufgedeckt ist, wird vom Licht erleuchtet. Alles Erleuchtete aber ist Licht« (Epheser 5,13f). Und gleich anschließend zitiert der Schreiber eine kleine Strophe, die höchstwahrscheinlich aus einem frühen Tauflied stammt (Epheser 5,14b):

Wach auf, Schläfer,
und steh auf von den Toten,
und Christus wird dein Licht sein.

Die persönliche Erfahrung derjenigen, die einst tot waren und durch die Gnade Gottes neues Leben erhalten haben, wird hier als Beispiel heran gezogen, um zu zeigen, dass die Finsternis und ihre unzählig vielen Manifestationen (Mächte) durch den engagierten Widerstand nicht nur besiegt, sondern verwandelt werden. Kurz: Die Finsternis wird zum Licht! Die praktizierte Wahrheit, die zur Erleuchtung der Finsternis führt, hat die Wiederbelebung der Menschheit und vielleicht auch jene der Mächte zum Ziel.

Klar ist im Epheserbrief auf jeden Fall, dass diese Wiederbelebung weder mit Leichtigkeit zu erreichen ist noch dass sie sich automatisch ereignen wird. Gerade deshalb bildet der Aufruf zum Kampf den Höhepunkt der Paraklese.

Die Rüstung: Mehr Angriff als Verteidigung; mehr Waffe als Schutz

Endlich kommen wir zur Rüstung Gottes, welche die Leserinnen und Leser dem Aufruf zum Kampf entsprechend anziehen sollen. Diese Rüstung wird oft als Schutz gegen die angreifenden Mächte gedeutet. Nach den bisherigen Ausführungen dürfte jedoch bereits klar sein, dass eine defensive Interpretation der Rüstung nicht zu dem Leib eines Messias passt, dessen Herrschaft aus dem siegreichen Kampf gegen die Mächte besteht (vgl. 1. Korinther 15). Denn die Rüstung dient dem ermächtigten Leib Christi.

Für diese Behauptung suchen wir weitere Beweise, indem wir nach der Herkunft dieser Metapher fragen. Das Bild von der Waffenrüstung Gottes wird an dieser Stelle nämlich nicht zum ersten Mal verwendet. Es hat eine lange Geschichte, die wahrscheinlich schon in vorbiblischer Zeit beginnt. Für unsere Zwecke nehmen wir ihre Spur in Jesaja 59 auf.[25]

Jesaja 59

Eindrücklich wird in Jesaja 59 eine Gesellschaft geschildert, in der Gewalt und Missbrauch der Schwachen und Armen jegliche Gerechtigkeit und den Frieden von den Strassen gejagt haben. Das Recht ist zurückgewichen, die Gerechtigkeit hat sich entfernt, die Wahrheit ist auf dem Markplatz zu Fall gekommen und die Aufrichtigkeit findet keinen Eingang mehr (Jesaja 59,14).

Gott sieht diese Situation und merkt, dass es keinen gibt, der sich regt und sich für das Recht einsetzt. Keiner, der sich um die Armen und Schutzlosen kümmert. Keiner, der sich für Wahrheit, Recht und Frieden einsetzt. Da legt Gott selbst den Panzer der Gerechtigkeit an, setzt den Helm des Heils (oder der Hilfe, Rettung) auf (Jesaja 59,17) und verschafft sich den Sieg, indem er kommt und als Richter gegen die Übeltäter bzw. als Retter für die Opfer auftritt.

Wir wollen uns den geschilderten Aufbau sorgfältig merken: genannt werden menschliche Feinde, menschliche Opfer und das göttliche Eingreifen. Wir speichern dieses Konstrukt, weil es den schriftlichen Hintergrund und das biblische Muster bildet, das wir dann später im Epheserbrief in verarbeiteter Form wiederentdecken werden.

Zwischen Jesaja 59 und Epheser 6 finden sich aber noch zwei sehr unterschiedliche Anwendungen oder Auslegungen dieses Bildes. Und die müssen wir auch noch in aller Kürze anschauen, damit wir anschließend fähig sind, die volle Kraft des Ephesertextes zu vernehmen.

Weisheit Salomos 5

Weiter oben sind wir bereits der Weisheit Salomos begegnet und haben dort im zweiten Kapitel davon gelesen, wie die starken Frevler den armen und schutzlosen Gerechten behandeln. Wir haben dabei das erschlagende Bild eines leidenden Gerechten gesehen, der sich auf das rettende Eingreifen eines mächtigen Gottes verlässt. In Kapitel fünf lesen wir nun die folgenden Verse:

> 15 *Die Gerechten aber leben in Ewigkeit, / der Herr belohnt sie, der Höchste sorgt für sie.*
> 16 *Darum werden sie aus der Hand des Herrn / das Reich der Herrlichkeit empfangen und die Krone der Schönheit. Denn er wird sie mit seiner Rechten behüten / und mit seinem Arm beschützen.*
> 17 *Er rüstet sich mit seinem Eifer / und macht die Schöpfung zur Waffe, mit der er die Feinde bestraft.*
> 18 *Als Panzer zieht er Gerechtigkeit an / und als Helm setzt er strenges Gericht auf.*
> 19 *Als Schild nimmt er unüberwindliche Heiligkeit /*
> 20 *und grimmigen Zorn schärft er zum Schwert; / zusammen mit ihm kämpft die ganze Welt gegen die Toren.*
> 21 *Treffsicher fahren die Blitzespfeile dahin; / abgeschossen aus den Wolken wie von einem wohlgerundeten Bogen / fliegen sie auf ihr Ziel.*

[22] Eine Steinschleuder entsendet Hagelkörner, / die voll von göttlichem Zorn sind. Das Wasser des Meeres wütet gegen die Feinde / und Ströme schlagen grimmig über ihnen zusammen.
[23] Der Atem des Allmächtigen erhebt sich gegen sie / und trägt sie wie ein Sturm davon. So bringt die Gesetzlosigkeit Verheerung über die ganze Erde / und das böse Tun stürzt die Throne der Mächtigen.

Einiges ist uns aus Jesaja 59 wohlbekannt:

a) Es ist von der Rüstung Gottes die Rede.
b) Gott streitet als richtender Kämpfer gegen die Übeltäter.
c) Sein Streiten bedeutet aber auch Rechtfertigung, Verteidigung und Erhöhung der Gerechten ins ewige Leben mit Gott.
d) Die Gerechten sind jene, die als arme und schwache Menschen inmitten einer gewaltsamen Welt ihre Treue zu Gott praktizieren.

Ich erwähne diese Stelle aus der Weisheit Salomos, um zweierlei zu zeigen. Zum einen wird hier das Bild der göttlichen Rüstung metaphorisch für Gottes Eingreifen gegen menschliche Feinde verwendet. Zum anderen ist es wichtig zu bedenken, dass dieses Buch der Weisheit höchstwahrscheinlich unmittelbar vor dem ersten Jahrhundert geschrieben wurde. Damit dürfte das hier gezeichnete Bild der Waffenrüstung Gottes zur Zeit des Paulus weitläufig bekannt gewesen sein.

1. Thessalonicher 5

Um so überraschender ist es, dass wir im 1. Thessalonicherbrief auf eine neuerliche Interpretation des Bildes aus Jesaja 59 stoßen. Überraschend ist natürlich nicht, dass Paulus dieses Bild der göttlichen Waffenrüstung in seinem frühesten Brief verwendet hat. Überraschend aber sind seine Formulierungen und seine Anwendung der Schrift.

Nachdem Paulus den besorgten Thessalonichern versichert hat, dass die bis dahin ausgebliebene Wiederkunft Christi kein Grund zur Beunruhigung darstellt, lesen wir in Kapitel fünf die folgenden Verse:

> 1 *Von den Zeiten und Stunden aber, liebe Brüder, ist es nicht*
> *nötig, euch zu schreiben;* 2 *denn ihr selbst wisst genau, dass der*
> *Tag des Herrn kommen wird wie ein Dieb in der Nacht.* 3 *Wenn*
> *sie sagen werden: Pax et Securitas, dann wird sie das Verder-*
> *ben schnell überfallen wie die Wehen eine schwangere Frau,*
> *und sie werden nicht entfliehen.* 4 *Ihr aber, liebe Brüder, seid*
> *nicht in der Finsternis, dass der Tag wie ein Dieb über euch*
> *komme.* 5 *Denn ihr alle seid Söhne des Lichtes und Söhne des*
> *Tages. Wir sind nicht von der Nacht noch von der Finsternis.*
> 6 *So lasst uns nun nicht schlafen wie die andern, sondern lasst*
> *uns wachen und nüchtern sein.* 7 *Denn die schlafen, schlafen*
> *des Nachts, und die betrunken sind, sind des Nachts betrunken.*
> 8 *Wir aber, die wir Söhne des Tages sind, lasst uns nüchtern*
> *sein, und zieht an den Panzer des Glaubens und der Liebe und*
> *den Helm der Hoffnung auf das Heil.* (Luther)

An dieser Stelle müssen wir wieder einige Punkte festhalten:

a) Aus Jesaja 59 ist uns die Rüstung bisher als *Gottes* Rüstung bekannt.
b) Als Feind wird jetzt wohl das römische Reich bezeichnet, dessen Parole »pax et securitas« auf den Gewaltcharakter des Imperiums verweist und daher von Paulus sehr kritisch beurteilt wird.[26]
c) Die von der Pax Romana gewährte soziale, militärische und politische Sicherheit ist als Illusion zu betrachten, die gegen den »Tag des Herrn« keine Chance hat.
d) Seit Amos steht der »Tag des Herrn« metaphorisch für das Erscheinen Gottes als wütender Krieger. Es handelt sich damit nicht um ein Bild der Errettung, sondern impliziert Urteil und Rechenschaft.
e) Die Rüstung wird hier von den Söhnen des Lichts getragen.[27]
f) Als Waffen dieser Rüstung werden wiederum Panzer und Helm genannt. Aber anstelle von Gerechtigkeit und Heil sind sie nun

mit den Lieblingstugenden des Paulus verbunden: Glaube, Liebe und Hoffnung.

An dieser Stelle werden wir Zeugen eines atemberaubenden hermeneutischen Schrittes. Paulus ist dabei, die Bibel auszulegen und sie anzuwenden. Er gebraucht in seinem Brief ein längst bekanntes biblisches Bild für Gottes Macht und Eingreifen, um damit die passende Haltung und Handlungsweise der Thessalonicher hervorzurufen. Dabei deutet er das Kampfbild in ein wahres Friedensbild um. Was schon beinahe ironisch anmutet, ist auf einer tieferen Ebene ein Todeskampf; das Endgericht über die imperialistischen Mächte der Finsternis. Glaube, Hoffnung und Liebe sind die wahren Waffen gegen einen Frieden, der militärisch gesichert worden ist.

Mein verstorbener Professor Dieter Georgi hat einmal in seinem kleinen Buch *Theokratie* behauptet, dass Gott hier buchstäblich demokratisiert wird.[28] Ich glaube, dass diese Aussage übersteigert ist. Aber mag sie auch noch so übertrieben sein, führt sie doch zu einem unausweichlichen Fazit: Durch ihre Praxis von Glauben, Hoffnung und Liebe ist die Gemeinde an der Invasion des göttlichen Kriegers auf die militärisch gesicherte »pax et securitas« des Reiches beteiligt.

Diese neue und radikale Anwendung des Bildes von der Rüstung Gottes verursacht einige starke Spannungen. So gehört die Gemeinde am Tag des Herrn nicht lediglich zu den passiven Zuschauern. Die Kirche wird durch Invasion Gottes auch nicht einfach begünstigt, wie dies dem alten Bild entsprechend für die Gerechten zu erwarten wäre. Stattdessen wird die Gemeinde aktiv in das Drama der Erlösung miteinbezogen.

Die Tatsache, dass die Kirche als militante »Söhne des Lichtes« und »Söhne des Tages« für diesen Angriff Glaube, Liebe und Hoffnung benötigt, bringt noch eine weitere Spannung mit sich. Die Invasion mag sich gegen »pax et securitas« richten, sie ist aber nicht menschenfeindlich. Auch wenn es sich um einen Kampf handelt, der einer Rüstung bedarf, ist dieses Eingreifen genauso von der Hoffnung auf Heil geprägt, wie wir dies im vorangehenden Kapitel von der wehrlosen Geduld behauptet haben. Dass sich dieser Kampf tatsächlich nicht gegen Blut und Fleisch richtet, wird jetzt in Epheser 6 explizit betont.

Epheser 6,10–20

Wir sehen hier erstens, dass die Rüstung Gottes, wie schon in 1. Thessalonicher 5, auf die Heiligen übertragen wird. Anders aber als der erste Thessalonicherbrief, identifiziert der Epheserbrief jetzt die Feinde als Mächte, die gerade nicht aus Fleisch und Blut bestehen (Epheser 6,12). Allerdings sollten wir nicht vergessen, dass Paulus schon mit der Formulierung »pax et securitas« (1. Thessalonicher 5,3) eine übermenschliche, politisch-kulturelle Größe zumindest angedeutet hat.

Zweitens bemerken wir, dass die Rüstung noch ausführlicher beschrieben wird als in der Weisheit Salomos. Zudem ist die Anspielung auf Jesaja 59 direkter als im ersten Thessalonicherbrief. So finden wir jetzt wieder den Panzer der Gerechtigkeit und auch den Helm des Heils. Diese Analogie mit Jesaja muss absichtlich gewählt worden sein und soll uns helfen zu verstehen, dass wir die Mächte nicht losgelöst von der sozialen, politischen und wirtschaftlichen Gewalt interpretieren dürfen. Die Mächte sind zwar durchaus geistlich, finster und »himmlisch« im Sinne von Epheser 2,2. Sie werden aber in dieser Welt auf der kulturellen, sozialen, wirtschaftlichen und politischen Ebene sichtbar und müssen da bekämpft werden.

Die zwei bekannten Elemente der Rüstung, der Panzer der Gerechtigkeit und der Helm des Heils, werden nun mit folgenden vier »Waffen« ergänzt:

- dem Gürtel der Wahrheit;
- Stiefel für die Beine der Bereitschaft, das Evangelium des Friedens zu verkündigen;
- dem Schild des Glaubens;
- dem Schwert des Geistes, das zugleich das Wort Gottes ist.

Ich finde es äußerst bemerkenswert, dass die Wahrheit hier das erste Element der Rüstung ist. Vielleicht erinnern wir uns noch an die von Luther so treffend übersetzte Stelle aus Jesaja 59,14:

»Die Wahrheit ist auf der Gasse zu Fall gekommen.« Genau dies geschieht in unserer Zeit des Krieges, und nicht zuletzt in Nordamerika kommt uns in diesen Tagen oft das bekannte Sprichwort in den Sinn: »Truth is the first casualty of war« (Die Wahrheit ist das erste Opfer des Krieges). Letztlich gilt dies wohl nicht nur für Kriegszeiten. Wahrheit und Ungerechtigkeit stehen sich jederzeit als Todfeinde gegenüber.

Eine der Hauptaufgaben der Gemeinde Christi ist es daher, die Wahrheit zu sagen. Gemeint ist damit, die Wahrheit zu bewahren und zu schützen. Das ist ein großes Anliegen der Paraklese in diesem Brief (vgl. Epheser 4,15.21.25). Der Leib des Messias muss sowohl die Wahrheit über sich selbst bekennen als auch die Lage der Welt klar erkennen und sie offen legen (Epheser 5,11). So kennen wir die alttestamentlichen Propheten. So haben wir auch Jesus kennen gelernt. Und derselbe Ruf sollte jetzt auch seiner Gemeinde anhaften. Keine Frage: Die Wahrheit zu leben und zu bekennen, ist Befreiungskampf. Die Worte Jesu werden daher nicht unberechtigt auch im breiten sozial-politischen Raum zitiert: »Die Wahrheit wird euch frei machen« (Johannes 8,32).

Ich möchte an dieser Stelle ein kleines Beispiel erwähnen, das nicht aus dem Raum der Gemeinde Christi stammt, uns aber dennoch gleichnishaft die Wichtigkeit der Wahrheit als Kampfmittel vor Augen zu führen vermag.

Natalja Dmitruk, Gebärdendolmetscherin im ukrainischen Staatsfernsehen UT-1, arbeitete an demselben Tag, als die Verlautbarungen der offiziellen Wahlkommission über den angeblichen Wahlsieg Janukowitschs vorgelesen wurden (25. November 2004). Sie wagte damals einen äußerst mutigen und auch gefährlichen Schritt. Sie hörte auf einmal auf, das Vorgelesene zu übersetzen und teilte stattdessen den Taubstummen durch die Gebärdensprache mit: »Glauben Sie nicht der Wahlkommission. Sie lügt. Unser Präsident ist Viktor Juschtschenko. Es ist mir sehr peinlich, dass ich Ihnen früher keine wahren Informationen überbracht habe. Vielleicht werden wir uns nicht wieder sehen.«

Frau Dmitruk wusste, wie gefährlich ihr Akt des Widerstands war. Zwölf Journalisten waren in der Ukraine bis dahin schon umgekommen. Aber ihr Mut zur Wahrheit wurde ansteckend, und am Ende des Tages protestierten 230 Journalisten gegen die Zensur. So ergab sich ein schon fast paradox anmutendes Bild. Der Elefant der Angst und des tödlichen Konformismus wurde durch die Maus der stummen, aber doch so laut redenden Wahrheit zu Fall gebracht. Das ist wahrer Widerstand – und das hat auch die Diktatur Janukowitsch ganz klar erkannt.

Wie gesagt, stammt dieses Beispiel nicht aus dem kirchlichen Raum. Und gerade deshalb müssen wir uns die Frage stellen: Spricht die Gemeinde Christi solche Worte der Wahrheit über unsere Welt? Oder haben wir Angst, dass uns ein solches Zeugnis der Wahrheit zu viel kosten wird?

Dabei gehört es doch zu unserer Aufgabe, die Wahrheit nicht nur zu bekennen, sondern auch zu leben. Es gibt im Griechischen ein Wort, das buchstäblich als »wahren« übersetzt werden sollte. In diesem Sinne finden wir es auch in Epheser 4,15: *aletheuontes en agape.* Wörtlich übersetzt lautet der Vers dann etwa wie folgt: »Indem ihr in Liebe ›wahrt‹, wachst hinein in ihn, der das Haupt ist, Christus.« Die Wahrheit soll demnach in Liebe praktiziert werden.

Wir müssen schließlich noch eine weitere Dimension der Wahrheit hervorheben. Jene Wahrheit, die der Leib Christi in Worten und Taten bezeugt, ist nicht nur die Wahrheit *über* die Lage der Welt, *über* die Gewalt, *über* Krieg, *über* und *gegen* die Mächtigen. Es handelt sich vielmehr um die Wahrheit, die gleichzeitig auch Evangelium, gute Nachricht, ist. Die Wahrheit, die *für* die Welt ist. Wann immer es sich daher um die volle und göttliche Wahrheit handelt, ist dies mit einer hoffnungsvollen Dimension verbunden, die bereit ist, das Heil und den Frieden als Alternative zu jeglicher Gewalt und Hoffnungslosigkeit anzubieten. Und diese Wahrheit ist niemals von der Liebe Gottes zu trennen. Sie betreibt aber wahren Widerstand gegen die Mächte, die sich feindlich gegen das von Gott gewollte Leben stellen. In dieser Weise leben wir sowohl miteinander als Gemeinde wie auch unter anderen inmitten dieser Welt.

Ich halte es für äußerst bedeutsam, dass Epheser 4,25 ein Zitat aus dem Propheten Sacharja verwendet: »Legt ab die Lüge, und sprecht die Wahrheit, ein jeder mit dem Nächsten, denn wir sind Glieder untereinander« (vgl. Sacharja 8,16). Dieses Zitat stammt aus einem Abschnitt, in welchem der Herr der Heere das Volk Gottes dazu aufruft, die Wahrheit miteinander öffentlich vor der Welt zu sagen. Wenn das Volk die Wahrheit praktiziert – der Epheserbrief würde vermutlich sagen: wenn es in der Liebe »wahrt« –, dann werden die Völker der Welt wissen, dass Gott der König ist, dass die Welt sein Reich ist, und dass er auch ihr Gott sein kann.

> *Da werden zehn Männer aus Völkern aller Sprachen einen Mann aus Juda an seinem Gewand fassen, ihn festhalten und sagen: Wir wollen mit euch gehen; denn wir haben gehört: Gott ist mit euch* (Sacharja 8,23).

Es sind genau diese missionsorientierten Verse und ihre eschatologische Vision, die der Epheserbrief aufgreift, wenn er uns ermahnt, die Wahrheit zu leben und zu sagen. Dabei ist er vom Bewusstsein bestimmt, dass die Art und Weise, wie wir miteinander umgehen, möglicherweise die wichtigste und effektivste Evangelisationsart ist. Der Epheserbrief will aus uns ein Volk schaffen, das derart attraktiv ist, dass zehn Personen aus Völkern aller Sprachen einen jeden von uns am Gewand fassen wollen, um mit uns Gott zu finden. Friedensevangelisation ist damit in gleicher Weise Widerstand und Nächstenliebe.

Damit sind auch schon andere Teile der Rüstung angesprochen: die Stiefel (oder Sandalen) der Bereitschaft, das Evangelium des Friedens zu verkündigen (Epheser 6,15). Dieses Bild zeugt von der Rastlosigkeit, die gute Nachricht von der Wahrheit des Friedens in und durch Christus zu verbreiten. Es sind diese Schuhe, die der Evangelist des Friedens, dem wir schon in Epheser 2,13.17 begegnet sind, verwendet hat, um den Frieden Gottes anzukündigen und damit die Fernen in die Nähe zu bringen.

Eine derartige Friedensevangelisation, die dieses Wort Gottes klar ausspricht und ebenso deutlich praktiziert, erweist sich wie ein Schwert (Epheser 6,17), das die Finsternis des Hasses, der Angst, der Unterdrückung und der Gewalt durchschneidet. Der Hieb dieses Schwertes ist die gnädige Wahrheit des Friedens.

Weiter lesen wir vom Schild des Glaubens (Epheser 6,16), mit dessen Hilfe wir die Pfeile des Bösen abwehren können. Wie das ganze Bild der Waffenrüstung, möchte ich auch diesen Teil ganz bewusst in einer offensiven Weise interpretieren. Viele werden hier wohl aber einwenden wollen: Handelt es sich beim Schild nicht um ein defensives Element der Rüstung? In einem gewissen Sinne stimmt dies tatsächlich. Aber ich muss an dieser Stelle auf zwei Dinge hinweisen.

Zum einen können die defensiven Elemente einer Rüstung, wie ein Schild oder auch ein Panzer, auch von einem offensiven Krieger getragen werden. So zeigen etwa alte Abbildungen von Belagerungen, dass sich die angreifenden Krieger mit ihren Schildern gegen die feurigen Pfeile der Verteidiger geschützt haben. Es kann daher auch nicht einfach angenommen werden, dass der Leib Christi unter Belagerung steht. Denn wenn wir uns an die Wurzeln dieses ganzen Bildes erinnern (Jesaja 59), ist eine defensive Auslegung zwar nicht gänzlich unmöglich, aber doch zumindest nicht der Identität des messianischen Leibes entsprechend. Sollten uns diesbezüglich doch noch irgendwelche Bedenken beschleichen, brauchen wir nur an den Panzer der Gerechtigkeit zu denken (Epheser 6,14), den Gott in Jesaja 59 bei seinem keineswegs defensiven Eingreifen trägt!

Zum anderen handelt es sich bei »Glaube« lediglich um eine der möglichen Übersetzungen für das griechische Wort *pistis*. Treue, Vertrauenswürdigkeit und sogar Solidarität wären ebenso passend. Entsteht dadurch ein wesentlicher Unterschied? Ich denke schon, wird doch damit etwas über den Charakter des Leibes Christi ausgesagt. Wir begegnen einer Haltung, die nicht in ihrer eigenen Sicherheit Unterschlupf findet, sondern die bereit ist, sich wie Christus bis zum Tod hinzugeben, und damit Gott und seinem Ruf in gleicher Weise die Treue zu halten wie der noch endgültig zu versöhnenden Welt. Wir erinnern uns an 1. Thessalonicher 5, wo die »Söhne des

Tages« den Panzer Gottes anziehen, indem sie Glaube, Liebe und Hoffnung auf Heil praktizieren. Geht es dabei lediglich um ihr eigenes Heil? Oder hoffen sie vielmehr auf das Heil der Welt und handeln aus diesem Glauben? Das wäre wahrer Widerstand, der sich im Vertrauen auf Gottes Hilfe für das Heil einzusetzen bereit ist.

Die Herkunft dieses Bildes hat hoffentlich verdeutlichen können, warum ich es in einer offensiven Weise interpretiere. Eine offensive Deutung ist im Ursprung und in der Geschichte dieser Metapher für das göttliche Eingreifen ebenso verankert wie in der Bezeichnung der Kirche als (aktiver) Leib des Messias.

Drittens kann jetzt gesagt werden, dass diese offensive Deutung ihre Entsprechung in der mehrfachen Betonung der gemeindlichen Macht und Ermächtigung im Epheserbrief findet. Dabei dürfen wir keinesfalls außer Acht lassen, dass dieser Kampf nicht gegen, sondern *für* Fleisch und Blut geführt wird. Daher stehen uns gerade nicht todbringende Waffen zur Verfügung, sondern Wahrheit, Gerechtigkeit, Glaube, Liebe und Hoffnung. Mit ihnen zu kämpfen, bedeutet jedoch nicht Schwachheit und Wehrlosigkeit, sondern wahrer Widerstand und Angriff gegen die Mächte der Finsternis. Es handelt sich, um mit einem Buchtitel von Lee Griffiths zu sprechen, um den »Terror Gottes«.[29] Wir begegnen hier erneut der vom Evangelium erzeugten Mischung aus Widerstand und Wehrlosigkeit. Demnach gibt es ohne Wehrlosigkeit keinen wahren Widerstand gegen die Mächte. Ebenso bedeutet aber Wehrlosigkeit ohne Widerstand eine passive Unterlegenheit, die am Ende weder hoffnungsvoll noch liebevoll oder heilsam ist.

Abschließend müssen wir noch festhalten, dass sich in diesem Abschnitt über den Kampf mit den geistlichen Mächten der Finsternis interessanterweise kein Aufruf zum Exorzismus findet. Oder vielleicht doch? Sollten wir etwa das gemeinsame Leben der Töchter und Söhne Gottes, das vom Frieden Christi geprägt ist und sich durch die Praxis der Wahrheit, des Glaubens, der Hoffnung und der Liebe auszeichnet, als wahres Austreiben der lebensfeindlichen Geister der Finsternis sehen? Ist nicht solches kriegs- und gewaltfeindliches Leben exorzistisch und in diesem Sinne Ausdruck davon, dass wir mit Christus an der Verwirklichung der Herrschaft Gottes (vgl. 1. Korinther 15) und der Realisierung des Friedens (vgl. Epheser 2,14–18) teilnehmen?

Anmerkungen

15 Vgl. RUDOLF SCHNACKENBURG, *Der Brief an die Epheser*. Zürich; Einsiedeln; Köln: Benzinger; Neukirchen-Vluyn: Neukirchener, 1982, 58f.

16 Das Konzept der »geistlichen Kampfführung« wird in der gut lesbaren Habilitationsschrift von PETER ZIMMERLING prägnant zusammengefasst und kritisch gewürdigt. *Die charismatischen Bewegungen: Theologie – Spiritualität – Anstöße zum Gespräch*. Göttingen: Vandenhoeck & Ruprecht, [2]2002, 351–389 (Lit). Vgl. ferner auch den Beitrag von HEINRICH CHRISTIAN RUST »Gemeinde Jesu in der Auseinandersetzung mit den Mächten der Finsternis«, in MARTIN FORSTER/HANSPETER JECKER (Hg.), *Faszination Heiliger Geist*. Schwarzenfeld: Neufeld, 2005, 54–66.

17 JOHN HOWARD YODER, *Die Politik Jesu – der Weg des Kreuzes*. Maxdorf: Agape, 1981, 130–131.

18 HENDRIK BERKHOF, *Christ and the Powers*. Scottdale, PA: Herald Press, 1962.

19 WALTER WINK, *Naming the Powers: The Language of Power in the New Testament (The Powers, Vol. 1)*. Philadelphia: Fortress Press, 1984, 85. [Übersetzung TYN]

20 WALTER WINK, *Engaging the Powers: Discernment and Resistance in a World of Domination (The Powers, Vol. 3)*. Minneapolis: Fortress Press, 1992, 3. [Übersetzung TYN]

21 MIROSLAV VOLF, *Exclusion and Embrace*. Nashville, TN: Abingdon Press, 1996, 87. [Übersetzung TYN]

22 YODER, *Politik Jesu*, 131.

23 Ebd.

24 HEINRICH SCHLIER, *Der Brief an die Epheser*. Düsseldorf: Patmos, [7]1971, 291.

25 Für eine ausführliche Behandlung von Jesaja 59 und verwandter Texte, vgl. THOMAS R. YODER NEUFELD, *»Put on the Armour of God!« The Divine Warrior from Isaiah to Ephesians*. Sheffield, UK: Sheffield Academic Press, 1997. Zur Stelle vgl. auch THOMAS R. YODER NEUFELD, *Ephesians*.

26 »›Friede und Sicherheit‹ ist also eine strukturkonservative Parole, die die bestehende Ordnung bejaht und sie bewahrt sehen will. (...) [Paulus] gilt sie jedoch als törichte Parole, die von Christen gerade nicht nachzusprechen ist.« KLAUS WENGST, *Pax Romana: Anspruch und Wirklichkeit*. München: Kaiser, 1986, 99.

27 Es sei hier an die so genannte Kriegsrolle von Qumran am Toten Meer erinnert. Sie trägt den höchstinteressanten Namen: »Der Krieg der Söhne des Lichtes gegen die Söhne der Finsternis«. »Söhne des Lichtes« konnte daher für apokalyptisch orientierte Juden wie Paulus einen radikal-militanten Klang haben.

28 DIETER GEORGI, *Theocracy in Paul's praxis and theology*. Minneapolis: Fortress Press, 1991. Deutsch: »Gott auf den Kopf stellen: Überlegungen zu Tendenz und Kontext des Theokratiegedankens in paulinischer Praxis und Theologie«, in: JACOB TAUBES (Hg.), *Theokratie* (Religionstheorie und Politische Theologie 3). Paderborn u. a. 1987, 148–205.

29 LEE GRIFFITHS, *Terror of God and the War on Terrorism*. Grand Rapids, MI: Eerdmans, 2002.

4. WIE INTEGRIEREN WIR WIDERSTAND UND WEHRLOSIGKEIT IN UNSER FRIEDENSZEUGNIS?

In den bisherigen Ausführungen haben wir sowohl Widerstand als auch Wehrlosigkeit vom Evangelium ausgehend betrachtet und daraus abgeleitet. Nun folgt die Frage: Wie integrieren wir die beiden Aspekte? Miteinander verbinden müssen wir sie, denn wie wir schon gesehen haben, sind sie im Evangelium eng ineinander verwoben:

- Gott, der Widerstandskämpfer und kriegerische Richter, ist zugleich der unbegreiflich barmherzige Retter. Er, der die Welt geschaffen hat, der sie richtet und richten wird, will sie heilen und neu schaffen.
- Die Gerechtigkeit Gottes, vor der wir schuldig niederknien, kommt am eindrücklichsten in der unablässigen Suche nach Versöhnung und Wiederherstellung zum Ausdruck.
- Die unermüdliche Geduld Gottes ist zuweilen beinahe unerträglich (vgl. Offenbarung 6,10), und doch bleibt Gott letztlich der eingreifende Befreier und Heiland.
- Jesus ist der Messias, d. h. er ist der Agent des ein- und angreifenden Gottes. Er leistet Widerstand, provoziert und verkündigt das kommende Reich Gottes. Schließlich stirbt er den Tod eines machtlosen Opfers und wird darin paradoxerweise selbst zum Mörder, der jegliche Feindschaft tötet (Epheser 2,16).

- Sein Tod ist eine Demonstration des römischen Staatsterrorismus, dessen imperialistische Brutalität, gepaart mit religiöser Kollaboration und Agitation, dazu bestimmt war, jeglichen Widerstand zu brechen. Gerade dieser Opfertod wird aber zum Mittel der Macht Gottes, die Welt mit sich zu versöhnen (1. Korinther 1).
- Die Gemeinde ist die Sammlung derer, die einst tot waren; Söhne und Töchter des Ungehorsams (vgl. 1. Korinther 1,25–29; Epheser 2,1–3), die Gott nicht nur erwählt, erlöst und neu belebt hat, sondern auch dazu aufruft, seinen eigenen Panzer anzuziehen. Gott selbst hat ihr den messianischen Auftrag gegeben, die Mächte der Finsternis in und mit Christus zu bekämpfen und zu besiegen.
- Zugleich sehen wir, dass dieser leibhaftige Krieger dem Vorbild Jesu entsprechend als schwacher, geduldiger und leidender Sklave ins Feld marschiert (vgl. 1. Thessalonicher 5). Er trägt keine anderen Waffen als die vom Evangelium geprägten Tugenden: Glaube, Hoffnung, Liebe, Wahrheit, Gerechtigkeit, Gebet und die Bereitschaft, das Evangelium des Friedens zu verkündigen. So wie Jesus durch seinen eigenen Tod die Feindschaft tötete, werden die Feinde Gottes, die die Menschheit zu Sklaven des Ungehorsams und des Todes machen, durch das Leben der Gemeinde Jesu in der Welt erledigt. In diesem Kampf gegen die Mächte wendet sie eine listigere Strategie an als der Teufel.

Zusammenfassend lässt sich sagen: Es ist meines Erachtens unmöglich, die Bibel zu lesen und das Evangelium in seiner Breite, Länge, Höhe und Tiefe zu be- oder ergreifen (Epheser 3,18), ohne beides – machtvollen Widerstand und geduldige Wehrlosigkeit – als wesentliche Bestandteile des einen Evangeliums zu sehen. Um die geheimnisvolle Einheit der Trinität zu wahren, haben wir uns längst daran gewöhnt, in einem Atemzug von »drei« und »eins« zu sprechen. Etwas ähnliches muss uns im Blick auf das Verhältnis von Widerstand und Wehrlosigkeit gelingen: Die zwei Themen sind eine Einheit und gehören untrennbar zusammen. Ohne leidensbereite und geduldige Wehrlosigkeit wird Macht zur Gewalt; ohne

Widerstand wird Wehrlosigkeit zur Flucht vor Verantwortung und führt zur Kapitulation. Und ohne Liebe stehen beide Positionen in der Gefahr, den Frieden Gottes zu verraten.

Wie aber lassen sich diese Haltungen und Handlungsweisen in unserem Leben als Gemeinde miteinander verbinden? Anfang und Ende einer solchen Integration ist die Orientierung an der in Christus gezeigten und dort erlernbaren Liebe Gottes. Ich umschreibe die bekannten Worte des Paulus aus 1. Korinther 13:

> *Beendete ich noch so viele Streitigkeiten, hätte aber die Liebe nicht, so wäre meine Friedenspraxis hohl.*
> *Kritisierte ich noch so viel Unterdrückung und noch so viele Kriege, hätte aber die Liebe nicht, so wäre die Kritik zum Zynismus verkommen, mit dem ich die Ohren derer verstopft habe, die in meiner Kritik das Evangelium hätten hören sollen.*
> *Würde ich in meiner Evangelisation den Mangel der Welt noch so sehr offen legen, hätte aber die Liebe für sie nicht, wären meine Worte nicht die gute Nachricht des Friedens, den Gott der Menschheit geschenkt hat und schenken will. Es wären nicht wohltuende Worte* (Epheser 4,29) *zu vernehmen, sondern lediglich ein hässliches, bitteres und letztlich todbringendes Zurechtweisen.*

Die Liebe ist also die Wahrheit in ihrer Fülle; der Brennstoff und die Motivation für die Friedenspraxis jener Menschen, die selbst vom Evangelium erfasst worden sind und in deren Herzen die Liebe Gottes ausgegossen worden ist (Römer 5,5).

Kein System: die Liebe ist kreativ

Es ist deshalb auch klar, dass wir uns davor hüten müssen, diese scheinbar widersprüchliche Spannung zwischen Widerstand und Wehrlosigkeit systematisch aufzulösen, indem wir schon zum voraus bestimmen wollen, wann welches Maß von Widerstand bzw. Geduld angebracht ist. Wenn Geduld oder Nachsicht von der Hoffnung auf Reue und Umkehr getrennt wird und damit schon von vornherein garantiert ist, handelt es sich nicht mehr um Gnade, die aus Liebe eine Umkehr ermöglicht, sondern ist lediglich Ausdruck einer gleichgültig erteilten Absolution. Dietrich Bonhoeffer hat dies »billige Gnade« genannt.[30] Jeder Vater, jede Mutter und jede Lehrkraft weiß um die allfällig verheerenden Folgen dieser »Gnade«. Solches Verhalten ist eigentlich nicht von der Liebe geprägt, sondern bedeutet gnadenlosen Hass gegenüber dem Nächsten, dem Fremden und dem Feind. So bleibt dieses Verhalten, das in der Theologie und Praxis der Kirche nur allzu oft anwesend ist, in der Schrift auffälligerweise abwesend: »Wenn du deinen Bruder sündigen siehst, so lege es ihm offen. Du sollst deinen Nächsten lieben wie dich selbst« (Levitikus 19,17; vgl. Matthäus 18,15–20; Epheser 4,25–27).

Wenn ich behaupte, dass wir uns davor hüten müssen, diesen scheinbaren Widerspruch systematisch aufzulösen, bedeutet dies nicht, dass wir uns davor scheuen sollen, das Verhältnis zwischen Widerstand und Wehrlosigkeit zu verstehen und zu klären. Obwohl Gott nie wollte, dass wir trennen, was er zusammengebracht hat, sind die beiden Aspekte erfahrungsgemäß auseinandergedriftet. Wir müssen sie aber wieder miteinander verbinden. Diese Integration kann jedoch nicht mit einer abstrakten Formel oder einem System erreicht werden, sondern bedarf unserer Teilnahme an jener Liebe, die aus dem Herzen eines liebenden und engagierten Gottes fließt, der sich in überraschender Weise seiner Kreatur zuwendet, um sie wieder für sich zu gewinnen. Gott hat sich uns zugewendet ...

... als wir noch schwach waren.
... als wir noch Sünder waren.
... als wir noch Feinde waren.
(Römer 5,6.8.10)

Deshalb ist die friedensstiftende Gnade und Liebe Gottes auch kreativ, erfinderisch, in gewisser Weise geheimnisvoll und gelegentlich sogar subversiv. Stets ist sie auf der Suche nach einer Möglichkeit, die den Weg zur Umkehr, zur Versöhnung und zur Verwandlung in ein neues Leben eröffnet. Gewissermaßen wie ein hungriger Hund schnuppert Gott nach der Versöhnung mit der Welt.

Ist dies letztlich nicht die Geschichte des Kommens Jesu? Wer hätte sich schon einen solchen Erlöser denken können? Wer hätte eine derart souveräne Freiheit Gottes erwartet, die den Tod seines Sohnes in sein eigenes Opfer umwandelte und es gerade für die, die ihn ans Kreuz nagelten, darbrachte? Wer konnte ahnen, dass Gott in dem Moment, als die Römer Jesus ans Kreuz schlugen, dabei war, den Schuldschein gegen seine Folterer ans Kreuz zu nageln (Kolosser 2,15)? Ist es angesichts solcher Überraschungen nur eine Frage der Pädagogik, dass Jesus seine Botschaft vom Reich Gottes mit Gleichnissen anzukündigen pflegte? Oder hat dies doch damit zu tun, dass Gleichnisse – ähnlich wie ein guter Witz – mit einer überraschenden Pointe enden?

Ist diese erstaunliche und subversive Kreativität Gottes schließlich nicht auch die Geschichte der Gemeinde? Man braucht sich hier nur daran zu erinnern, wen Jesus alles in seine Nachfolge gerufen hat. Und auch Paulus kannte diese »Torheit« Gottes:

> *Seht doch auf eure Berufung, Brüder und Schwestern! Da sind nicht viele Weise im irdischen Sinn, nicht viele Mächtige, nicht viele Vornehme, sondern das Törichte in der Welt hat Gott erwählt, um die Weisen zuschanden zu machen, und das Schwache in der Welt hat Gott erwählt, um das Starke zuschanden zu machen. Und das Niedrige in der Welt und das Verachtete hat Gott erwählt.* (1. Korinther 1,26–28)

Von uns, die wir als Nachfolgerinnen und Nachfolger Jesu den Leib Christi bilden, sollte daher gesagt werden können: Das sind jene Menschen, die von der verblüffenden Gnade Gottes überrascht und erfasst worden sind. Gott selbst hat sie mit der Torheit des Kreuzes angesteckt. Deshalb sind sie so, wie sie sind, und leben durchaus etwas verrückt.

Die Friedenspraxis der Liebe: hoffnungsvoll, geduldig und zugleich aggressiv

Was meine ich damit konkret? Wie drückt sich diese starke und doch schwache, wahnwitzige und doch weise Friedenspraxis aus?

Dies in allen Einzelheiten auszubuchstabieren, ist an dieser Stelle nicht möglich und wir müssen uns daher mit einigen Andeutungen begnügen. Die folgenden Reflexionen über einzelne Bereiche des christlichen Engagements mögen uns dennoch als inspirierende Beispiele dienen. Ich möchte jene Themen ansprechen, denen wir bereits im ersten Kapitel zu Epheser 2,11–22 begegnet sind.

1. Evangelisation

Wie wir in Epheser 2,17 sahen, kam Jesus als Friedensevangelist in diese Welt. Die Synoptiker beschreiben ihn als Evangelisten des Reiches Gottes. So berichtet Lukas 10,5 davon, wie Jesus seine Jünger mit dem Auftrag aussendet, das Reich Gottes mit den Worten »Friede diesem Haus!« anzukündigen. Wir haben auch festgestellt, dass in Epheser 6 die Friedensevangelisation ein wesentlicher Bestandteil der Rüstung Gottes (Epheser 6,15) ist. Letztlich ist die Evangelisation nicht mehr und nicht weniger als ein Angebot des Friedens, den diese Welt gerade nicht anbieten kann (vgl. Johannes 14,27).

Trotzdem erachte ich Evangelisation als ein heikles Thema und auch mit dem eng verwandten Vokabular »evangelistisch« oder »evangelikal« fühle ich mich nicht besonders wohl. Das liegt daran, dass derzeit, zumindest in meinem nordamerikanischen Kontext, evangelistische Tätigkeiten und ihnen nahestehende Theologien und Institutionen den Ruf haben, politisch äußerst konservativ und oft sogar friedensfeindlich zu sein. Die Kritik, Evangelisation sei eine profitorientierte Schikanierung, mag polemisch sein; aus einer biblischen Perspektive ist der nachfolgende Vorwurf des Reduktionismus aber wesentlich gravierender: Zu oft sind Evangelisten und evangelistisch orientierte Gemeinden entweder politisch irrelevant oder meist noch mehr mit Macht und Militarismus verknüpft. In der Tat muss man zugeben, dass die »klassische« Evangelisation oft von einer sehr beschränkten Agenda geprägt ist. Von manchen wird sie zwar in dieser Hinsicht gerade verteidigt, währenddem andere sie diesbezüglich kritisieren oder sogar ablehnen. Letzteres geschieht besonders bei denen, die im Zentrum der christlichen Verantwortung die Friedenspraxis sehen.

Ich will hiermit Evangelisten und besonders die Evangelisation nicht verleumden. Im Gegenteil: Ich bin der Meinung, dass wir uns mit der Evangelisation beim Kern der christlichen Friedenspraxis befinden. Wir müssen aber wiederentdecken, was Paulus in 1. Korinther 1 die Torheit der Verkündigung nennt. Eine Torheit, die nicht nur die Wahrheit *über* die Welt ganz klar ausspricht, sondern noch klarer die Wahrheit *für* die Welt zum Ausdruck bringt. Können wir solche Worte finden?

Wie sieht eine vom Frieden Gottes geprägt Evangelisation aus? Wie würde Jesus, der erste und größte Friedensevangelist, heute evangelisieren? Ich wage hier einige Hinweise:

Jesus würde noch immer die Herrschaft bzw. das Königreich Gottes ankündigen – eine gnädige, heilende sowie auch richtende und umwälzende Herrschaft, die immer wieder im Kommen ist. Dies sollen auch wir tun, und zwar so, dass die Mächte – irdische und geistliche – von dieser Herrschaft informiert (Epheser 3,10), angegriffen, besiegt (Epheser 6,12) und verwandelt werden (Epheser 5,13). Eine solche Evangelisation verkündigt weniger, wie man in den Himmel kommt, sondern dass der Himmel auf die Erde kommt!

Die Evangelisation Jesu würde heute wie schon damals das Angebot der Versöhnung mit Gott sein. Das Angebot, Gottes Sohn, bzw. Tochter zu werden. Christus dient nicht als Schutz vor einem wütigen oder richtenden Gott, sondern ist in seiner Person Ausdruck der Liebe Gottes, die den Sündern die Versöhnung mit Gott in Christus anbietet. Evangelisation ist daher die Einladung zur Freundschaft mit einem Vater, der wie eine Mutter geduldig die Heimkehr des verlorenen Kindes erwartet.[31]

Evangelisation, wie Jesus sie heute praktizieren würde, ist gute Nachricht – auch wenn sie gelegentlich unbequem daher kommt und von denen, die ihren Status Quo genießen wollen, nicht gerne gehört wird. Sie ist aber deshalb nicht lieblos, wie dies zum Beispiel Zachäus erfahren hat. Seine Geschichte in Lukas 19 ist ein wunderbares Beispiel der Friedensevangelisation. Der Jesus vorauseilende Ruf setzt Zachäus in Bewegung: »... er spricht mit uns Zöllnern; den will ich sehen!« Als Jesus Zachäus sieht, lädt er sich bei ihm zum Essen ein. Der Ruf Jesu besteht aber nicht nur darin, dass er mit den Sündern isst. Zu seinem Ruf gehört auch, dass, von seiner Freundlichkeit begleitet, die unausweichliche Aufforderung zur Gerechtigkeit ergeht. Zachäus weiß ganz genau, dass sich sein Leben radikal ändern muss. So lauten seine ersten Worte: »Ich gebe alles, was ich gestohlen habe, zurück. Sogar vierfach.« Jesus antwortet: »Heute ist hier Heil zustande gekommen; Gerechtigkeit ist hier geschehen.« Dabei umfasst das Heil mehr als die Freundschaft zwischen Jesus und Zachäus. Die Bestohlenen und Beraubten werden mit Gerechtigkeit beschenkt. Zachäus wird als »Sohn Abrahams« anerkannt. Jesus wusste ganz genau, dass eine solche Evangelisation oft nicht willkommen sein wird (vgl. Matthäus 10,34). Deshalb beinhaltet der Aufruf zur Friedensevangelisation auch immer die Aufforderung, unser Kreuz auf uns zu nehmen (Matthäus 10,38).

Evangelisation, die vom Frieden Gottes geprägt und an ihm beteiligt ist, bietet Feinden die Möglichkeit, ihre Feindschaft durch eine zurechtbringende Vergebung zu beenden und die gemeinsame Teilnahme an dem einen neuen Menschen in Christus zu entdecken (vgl. Epheser 2,15). Wie wir schon im ersten Kapitel betont haben, bedeutet Heil daher nicht die *Rettung aus den* Feindschaften einer zerbrochenen Welt, sondern das *Überwinden der* Feindschaften in dieser Welt. Wahre Friedensevangelisation wird deshalb Feindschaft und Ungerechtigkeit beim Namen nennen und gerade darin das Wort des Heils zusprechen. Ich erinnere an die Worte Paul Schneiders (1897–1937), der als Pfarrer in Buchenwald eingesperrt war und dort fürchterlich gefoltert wurde. Man nannte ihn den »Prediger von Buchenwald«. Seine Osterpredigt lautete: »Hier wird gefoltert und getötet! Jesus sagt: ich bin die Auferstehung und das Leben!« Er brachte damit beides zur Sprache: erst die Wahrheit *über* die schreckliche Situation, danach die Wahrheit *für* gerade diese Situation.

Eine solche Evangelisation bedeutet eine Invasion, ein Eindringen in die Sphären der Gewalt und Ungerechtigkeit. Es ist eine aggressive Invasion, die jedoch von den wehrlosen, liebenden, demütigen, absichtlich schutzlosen und unendlich geduldigen »Töchtern« und

»Söhnen« des Friedens vollzogen wird – genau, wie dies Jesus auch getan hat.

2. Gemeindeleben

Wie wir in Epheser 2 gesehen haben, ist die Gemeinde das Resultat oder die Frucht der Friedensevangelisation Christi. Weil Christus den Frieden verkündete und ihn durch seine Hingabe bis in den Tod stiftete, ist seine Gemeinde eine neue Schöpfung aus Nahen und Fernen; aus Menschen, die einander und Gott einst feindlich gegenüber standen. Das bedeutet, dass die Kirche in ihrem Sein und in ihrem Handeln den Frieden erweisen und veranschaulichen soll. Unsere Botschaft des Friedens wird nur dann glaubwürdig sein, wenn sie im Leben der Gemeinde und ihrer Mitglieder sichtbar wird. Es ist daher keine Übertreibung, zu behaupten, dass das erkennbare Leben und Sein der Gemeinde Christi die Friedensbotschaft entweder bestätigt oder desavouiert.

Besteht damit aber nicht die Gefahr, dass von der Gemeinde zu viel verlangt wird? Dass sie perfekt sein muss? Und dass sie, weil diese Aufgabe schlicht unmöglich ist, entweder Probleme und problematische Menschen/Gruppen ausschließt oder der Heuchelei verfällt?

Epheser 4 macht klar, dass die neue Menschheit noch im Werden ist.

So sind die Paränesen in den Briefen des Paulus Ausdruck davon, dass die unvollkommenen Gemeinden weiterhin der Ermutigung und Ermahnung bedürfen. Sie erinnern aber auch daran, dass wenn die Gemeinde als Leib Christi ein wahrhaftiges Friedensereignis darstellen soll, in ihr immer wieder neu Feindschaften aufgedeckt und überwunden werden müssen, damit aus Feinden Freunde, sogar Geschwister werden können. Eine solche Gemeinde ist gerade in ihrer Unvollkommenheit perfekt. Und doch darf sich die Gemeinde mit ihrer Unvollkommenheit nie anfreunden und sie als bequemen Status Quo akzeptieren.

Die Gemeinde ist ein Ort der Verwandlung. Ein Ort, an dem Feinde – oder wenigstens zerstrittene, unvollkommene, mit Schuld und Verletzungen belastete Menschen – sich miteinander und mit

Gott anfreunden. Die Geburt dieser neuen Menschheit in Christus (Epheser 2,15) dauert lange, ist schwierig und schmerzhaft.

Dazu passend, beginnt im Epheserbrief die Paraklese mit dem Aufruf zur Geduld, mahnt aber auch zum Eifer, die Einheit der Gemeinde mit den Ketten des Friedens zu sichern. Diese Einheit ist das Ziel des Friedensleibes Christi. Dieses Ziel bleibt jedoch so lange unerreicht, wie es Menschen gibt, die entweder den Frieden Gottes noch nicht erlebt haben oder die innerhalb der Kirche Jesu den Frieden nicht vollständig realisieren. Und wer kann sich davon schon ausnehmen?

Unsere Einigkeit jenseits der Vollkommenheit besteht in der Einheit der »Angeketteten« *(chain-gang)*. Wie Gefangene Christi sind wir miteinander durch den Frieden zusammengekettet (Epheser 4,1.3) und sollen so unserem hohen Ruf entsprechend »wandeln« (Epheser 4,1). Aber wie bewegt sich ein Leib, wenn nicht alle Glieder gleich stark, gleich gesund, gleich energievoll oder gleich geduldig sind? Wenn also der Leib Christi nicht immer oder nur selten im Gleichschritt vorwärts geht? Solange jeder für sich unterwegs sein will, geht gar nichts. Der Leib Christi wird sich nur dann in eine gemeinsame Richtung bewegen können, wenn ihm genügend Geduld, Liebe, Fürsorge und Demut zur Seite stehen. Und wenn der Wille und der Eifer vorhanden ist, es gemeinsam zu schaffen. Die Kraft dazu verleiht der Geist, der Atem Gottes.

Wie dies in den einzelnen Gemeinden konkrete Konturen annimmt, wird ganz unterschiedlich sein. Sowohl die Zerbrochenheit dieser Welt als auch die jeweilige Gestalt von Gemeinden und Kirchen präsentieren sich unendlich vielfältig. Genauso vielfältig ist aber auch die friedliche Weisheit Gottes (Epheser 3,10), die sich gegenüber den Mächten und Gewalten dieser Welt mannigfaltig in und durch die Gemeinden Christi erweisen wird.

Und wenn dies alles nicht geschieht? Wenn die Gemeinde Christi auf diesen Ruf nicht antwortet und nicht von diesem »heiligen Chaos«, dieser Mischung aus Schwäche und Macht, gekennzeichnet ist? Wenn der Leib Christi eingeschlafen ist (vgl. Epheser 5,14)? Wenn die Gemeinde Christi ihre Einheit durch Homogenität und Scheinfrieden zu sichern versucht? Wenn die Kirche ihre eigene

Version von »pax et securitas« hat? In diesem Fall – und den gibt es leider zu oft – müssen wir uns daran erinnern, dass Christus die gute Nachricht des Friedens den Fernen *und den Nahen* predigte. Auch die Nahen müssen immer wieder die gute und manchmal auch harte Friedensnachricht hören. Die Gemeinde selbst muss immer wieder evangelisiert werden (vgl. Epheser 2,11: »Erinnert euch ...«). Wir vergessen leicht unsere Herkunft als Feinde Gottes und nehmen daher die unermessliche Gnade Gottes nicht mehr wahr. Wir vergessen, dass die Gemeinde selbst ein Wunder ist, ein lebendiger Beweis der Güte, Gnade, Macht und Liebe Gottes. Und daher vergessen wir auch, dass unser Auftrag nicht nur darin besteht, für Gott ein passendes Heim zu bauen, sondern auch für unsere Feinde. Der Epheserbrief will deshalb die schlafende Gemeinde aufwecken.

Friedensarbeit

Abschließend wenden wir uns noch jenem spezifischen Aspekt zu, den man gemeinhin unter »Friedensarbeit« versteht. Auch hier wäre eine Vielzahl von Aktivitäten zu nennen und es gäbe ganz unterschiedliche Modelle zu entdecken, wie das Evangelium des Friedens praktisch umgesetzt wird. Wenn es stimmt, dass Gott bei seinem Friedensprojekt unendlich kreativ ist, dann ist jede Liste, die unsere Friedensbemühungen beschreibt, nur ein kleiner Einblick in die noch weit vielfältigeren Möglichkeiten. Wir müssen uns daher an dieser Stelle mit einigen wenigen Beispielen begnügen.[32]

Das Elmira-Experiment

Nördlich meiner Heimatstadt Waterloo, Ontario (Kanada), liegt die kleine Stadt Elmira, in der im Jahr 1974 zwei Jugendliche in einer Nacht mutwillig beträchtlichen Schaden an Autos, Häusern, Ampeln etc. verursacht haben. Die zwei Burschen wurden am folgenden Tag von der Polizei verhaftet und ins Gefängnis gesteckt. Zwei junge Männer, Mark Yantzi und Dave Worth, die in der Zeit für das mennonitische Hilfswerk MCC (Mennonite Central Comittee) arbeiteten, lasen diese Nachricht in der Zeitung. Da der eine nebenher auch als Bewährungshelfer tätig war, gingen die beiden zum Richter und baten ihn um Erlaubnis, etwas ganz Neues ausprobieren zu dürfen: Anstatt die jungen Verbrecher wie üblich vors Gericht zu bringen, das dann eine Geld- oder Gefängnisstrafe aussprechen soll, ohne dass zwischen den Tätern und den geschädigten Personen eine Möglichkeit zur Wiedergutmachung oder sogar Versöhnung besteht, machten sie dem Richter den Vorschlag, mit den zwei Jugendlichen die Opfer zu besuchen, um jeweils zu prüfen, in welcher Form allenfalls Schadenersatz oder eine andere Entschädigung geleistet werden könnte.

Überraschenderweise erteilte der Richter ihnen die Genehmigung, und die beiden Jungs stimmten der Idee ebenfalls zu. Nun gingen sie von Haus zu Haus und versuchten, wann immer möglich, die Sache wieder in Ordnung zu bringen; zuweilen mit ihrem Geld und manchmal auch mit dem Angebot, für den entstandenen Schaden zu arbeiten. Nicht alle geschädigten Personen waren bereit, diesen Vorschlag zu akzeptieren. Manche aber waren nicht nur willig, sich darauf einzulassen, sondern wurden schließlich zu Freunden der Jugendlichen.

Das war der unscheinbare Anfang einer weltweiten Bewegung, die heute mit den folgenden Initiativen identifiziert wird: VORP (Victim-Offender Reconciliation Program/Täter-Opfer-Ausgleich), VOM (Victim-Offender Mediation/Täter-Opfer-Mediation), Restorative Justice (wiedergutmachende Gerechtigkeit). Diese Idee blieb nicht nur auf Sachdelikte beschränkt, sondern wurde auch bei sehr schweren Verbrechen bis hin zu politischen Konflikten angewendet. Längst sind es nicht mehr nur Mennoniten, Christen, gläubige oder religiöse Menschen, die sich an diesem Justizversuch beteiligt haben.

Aus verschiedenen Gründen ist das Elmira-Experiment ein wichtiges Beispiel. Erstens handelt es sich hier um eine Initiative, die aus dem Evangelium heraus gewachsen ist und in einer Gemeindekultur geboren wurde, die Versöhnung und Wiedergutmachung als wesentliche Bestandteile der Gerechtigkeit betrachtete und schätzte. Sie wuchs aus dem tiefen Vertrauen heraus, dass in der persönlichen Begegnung zwischen Täter und Opfer mit der Möglichkeit der Reue und Wiedergutmachung gerechnet werden darf. Kurz: Diese Initiative ist das Ergebnis einer Kultur des Friedens. Sie wurde gewissermaßen als Kind in der Gemeinde Christi empfangen, aber in und für »die Welt« geboren und erzogen. Mit anderen Worten: Sie blieb nicht auf den privaten Kreis der Kirche beschränkt, sondern wurde der Welt weitergegeben.

Zweitens sind solche Initiativen inzwischen nicht mehr ausschließlich eine Arbeit der Gemeinde. Ist das zu bedauern? In gewisser Weise ja und nein. Auch Krankenhäuser, Waisenheime und Universitäten sind längst nicht mehr Teil der Gemeindearbeit. Sicherlich sind bei dieser Abkoppelung manche wichtige Akzente verloren gegangen, aber die Tatsache, dass derartige Institutionen heute Teil der Gesellschaft sind, ist zugleich als Erfolg der Gemeinde, als gemeinnützige Frucht des Evangeliums und als wirksame Hefe des Reiches Gottes zu verstehen.

Damit stehen wir nun mit unseren Überlegungen zur Friedensarbeit an einer Kreuzung, die zwei unterschiedliche Wege zur Auswahl stellt. Der eine Weg lässt sich mit den Worten von Dave Worth beschreiben, die mir aus einer Unterhaltung mit ihm in Erinnerung geblieben sind: »Been there; done that. What's next?« (So, das haben wir in Gang gebracht; was machen wir jetzt?) Darin ist eine vom Evangelium ausgehende Unruhe zu spüren. Mit einer von der Liebe Gottes entfachten Neugierde und einer vom Reich Gottes geprägten Haltung wird dieser Weg von der Gewissheit begleitet, dass wir als Leib Christi an der Friedensarbeit Gottes teilnehmen. Es ist demnach die ständig erneuernde Gnade Gottes, die dazu anspornt, das Evangelium des Friedens auszuleben.

Der andere Weg versteht die Friedenspraxis nicht als kreative Frucht des Evangeliums, sondern als eigenständigen Baum. Christ-Sein heißt dann sozial engagiert zu sein, sich primär mit nonkonformistischen Initiativen zu identifizieren, und ist folglich nur schwer von einer politisch-ideologischen Einstellung zu unterscheiden. Frieden ist hier nicht im Herzen des Evangeliums angesiedelt, wo Christus unser Friede ist und die Versöhnung mit Gott im Zentrum steht, sondern bleibt auf soziale Gerechtigkeit, Mediation und Konfliktlösung reduziert. Ich denke, dass wir in der großen Gefahr stehen, diesen Weg zu wählen. Friedenstheologie wird dann aber kaum von Friedenspolitik und Friedensideologie zu unterscheiden sein. Mit der Theologie verschwindet aus der Friedensarbeit jedoch das Nachdenken über die Versöhnung mit Gott sowie das Streben nach derselben.

Wenn unser Engagement für den Frieden – das derzeit auch von »der Welt« als sinnvoll und nützlich beurteilt wird – aber aus dem Evangelium abgeleitet und dementsprechend geprägt ist, bleiben wir auch dann als Friedensstifter tätig, wenn dies den Augen der Gesellschaft eines Tages wieder als nutzlos oder sogar als widersinnig erscheinen sollte. Und dieser Tag kann schon bald wieder kommen. Wenn wir daher unseren Einsatz für den Frieden nicht von der Gnade Gottes ableiten, die in gleicher Weise beharrlich und geduldig ist, wird unser Engagement nicht von Dauer sein; besonders dann, wenn damit Leiden und Verlust verbunden sein sollte.

Das Elmira-Experiment ist ein Beispiel einer Friedenspraxis, die gleichermaßen von Widerstand und Wehrlosigkeit geprägt ist. Einer von der Gesellschaft weitgehend als »normal« akzeptierten Vergeltungsgerechtigkeit wird hier mit einem alternativen Verständnis widerstanden, das als Resultat der Gerechtigkeit nicht Vergeltung, sondern Versöhnung sucht. Verwirklicht wird damit eine Gerechtigkeit, die ihren Kern im Evangelium findet und als wahrer Widerstand gegen die Mächte zu bezeichnen ist. Die Umsetzung dieser Überzeugung von Gerechtigkeit verzichtet auf jegliche Anwendung von Gewalt, Manipulation oder Drohung und hat daher mehr mit Wehrlosigkeit als mit Widerstand zu tun. Genau dies traf zu, als Worth und Yantzi damals dem Richter ihren Vorschlag unterbreiteten. Es traf ebenso zu, als sie mit den zwei jungen Verbrechern von Haus zu Haus gingen, um die Opfer zu besuchen. Und auch die Opfer selbst fühlten sich in dieser Situation bestimmt wieder schutzlos. Aber für die wahre Versöhnung war gerade diese Wehrlosigkeit aller am Prozess beteiligten Personen notwendig.

Christian Peacemaker Teams

Zum Schluss will ich noch ein Beispiel aus der praktischen Friedensarbeit nennen, das in gleicher Weise Widerstand und Wehrlosigkeit verbindet: die Christian Peacemaker Teams (CPT).

An der Mennonitischen Weltkonferenz[33], die im Jahre 1984 in Straßburg stattfand, hielt Ronald J. Sider, Theologieprofessor aus Philadelphia und Präsident von »Evangelicals for Social Action«, unter dem Titel »God's People Reconciling« (Gottes Volk versöhnt) eine wichtige Rede. Ich zitiere daraus einige relevante Abschnitte.[34]

»Ich glaube, dass der Herr der Geschichte die kleine Gruppe der Täufer, so zerstreut sie über die ganze Erde ist, gebrauchen möchte, um die Geschichte der nächsten zwei Jahrzehnte formen zu helfen. Um das aber tun zu können, müssen wir nicht nur falsche Vorstellungen aufgeben und erfassen, was die Bibel im umfassenden Sinn mit Schalom meint. Noch eins ist nötig: Wir müssen unser Kreuz nehmen und Jesus nach Golgatha folgen. Wir müssen uns darauf vorbereiten, zu Tausenden zu sterben.
Die, die an den Frieden durch das Schwert glauben, haben niemals gezögert, zu sterben. Stolz und tapfer gaben sie ihr Leben. (...) Warum glauben wir Pazifisten eigentlich, dass unser Weg, der Weg Jesu zum Frieden, billiger sein soll? (...)
Wenn die bequem gewordenen Mennoniten in Nordamerika und Europa nicht bereit sind, Verwundungen und Tod zu riskieren in gewaltfreier Opposition gegen die Ungerechtigkeit, (...) dann sollten wir es nicht wagen, jemals wieder ein Wort über Friedfertigkeit zu unseren Schwestern und Brüdern in diesen Ländern[35] voller Verzweiflung zu sagen. Wenn wir nicht bereit sind, auch zu sterben bei der Entwicklung neuer gewaltloser Versuche, internationale Konflikte zu verringern, dann sollten wir ehrlich zugeben, dass wir niemals wirklich geglaubt haben, das Kreuz sei eine Alternative zum Schwert. (...) Frieden zu machen ist genauso teuer, wie Krieg zu führen. (...)
Wir würden immer wieder entdecken, dass Feindesliebe keine utopische Spinnerei ist und auch kein selbstzerstörerischer Masochismus, sondern vielmehr Gottes Antwort auf die langen Jahrhunderte ständig steigender Gewalt, die jetzt schließlich unseren ganzen Planeten bedroht. Aber das Kreuz – tausendfa-

cher Tod derer, die Jesus glauben – ist der einzige Weg, unsere gewalttätige Welt von der tiefen Wahrheit der Alternative Christi zu überzeugen.«

Seine Rede beendete Sider mit dem Aufruf, eine geisterfüllte und gewaltfreie Friedenstruppe von 100 000 Menschen zu formieren. Dies war 1984. Durch die derzeit enge Verbindung von Martyrium und Terrorismus mag sein Plädoyer befremdend wirken. Würde er heute neue Formulierungen finden, um Christen, die den Friedensauftrag ernst nehmen wollen, neu zu motivieren?

Die geforderte Friedensarmee kam damals nicht zu Stande. Aber zwei Jahre später wurden die CPT ins Leben gerufen. Seither waren und sind solche Teams in Mexiko, Kolumbien, in der Westbank, im Irak, bei den Indianern in South Dakota (USA), in Ontario, New Brunswick und anderswo auf der Welt präsent. Mit ihrer Anwesenheit wollen sie ein Friedenszeugnis sein, indem sie sich in Konfliktzonen einmischen und mit ihrer Präsenz, ihren Beobachtungen und schriftlichen Aufzeichnungen Gewalt zu vermindern oder gar zu verhindern suchen.

CPT Mission Statement (Leitbild)

Der uns aus Epheser 2 bekannte Auftrag zur Friedensevangelisation klingt schon im ersten Satz des CPT-Leitbildes an:

1. Wir sind davon überzeugt, dass der Auftrag, das Evangelium der Umkehr, des Heils und der Versöhnung zu verkündigen, ein verstärktes biblisches Friedenszeugnis mit einschließt.
   (We believe the mandate to proclaim the Gospel of repentance, salvation and reconciliation includes a strengthened Biblical peace witness.)
2. Wir sind davon überzeugt, dass die Treue zu dem, was Jesus gelehrt und vorgelebt hat, eine aktive Friedensstiftung fordert.
   (We believe that faithfulness to what Jesus taught and modeled calls us to more active peacemaking.)
3. Wir sind davon überzeugt, dass eine erneute Verpflichtung zum Friedensevangelium neue Arten des öffentlichen Zeugnisses ver-

langt, die möglicherweise auch konkrete und gewaltfreie Interventionen mit sich bringen.
(We believe a renewed commitment to the gospel of peace calls us to new forms of public witness which may include nonviolent direct action.)

4. Wir sind davon überzeugt, dass die Gründung der *Christian Peacemaker Teams* eine neue und wichtige Dimension für unseren andauernden Friedens- und Gerechtigkeitsdienst bedeutet.
(We believe the establishment of Christian Peacemaker Teams is an important new dimension for our ongoing peace and justice ministries.)

Widerstand, Provokation und konkrete Interventionen sind Ausdruck der Identität der CPT. Eine der Lieblingsparolen lautet dabei »getting in the way«; ein Wortspiel, das sich nur schwer ins Deutsche übersetzen lässt. Zum einen greift es den Weg Jesu auf. Friedensarbeit bedeutet, mit Jesus auf dem Weg zu sein. Ein Weg, der von Leiden und dem Kreuz geprägt sein kann, wie Ron Sider mit seinen prägnanten Worten betonte. Zum anderen bedeutet »getting in the way« aber auch, sich störend einzumischen. Und zwar mit dem Ziel, die Augen für Ungerechtigkeiten zu öffnen und in einer Welt, in der in vielen Gegenden das Wort »Christ« mit Brutalität gleichgesetzt wird, ein alternatives Zeugnis zu sein.

Und wo ist dabei die Wehrlosigkeit zu finden? Auffälligerweise wird im Sprachgebrauch von CPT darauf verzichtet. Wie ich bereits im zweiten Kapitel sagte, wird Wehrlosigkeit in Friedenskreisen zur Zeit gerne mit Passivität, Absonderung und Stillsein verbunden. CPT will sich diesem Schema entziehen. Dennoch ist in ihrem Einsatz die Wehrlosigkeit im biblischen Sinn präsent, indem sie sich zur absoluten Gewaltlosigkeit und zum schutzlosen Zeugnis gegen Gewalt und Unrecht verpflichten. Und schließlich kommt ihre Wehrlosigkeit im Vertrauen auf den einen Gott zum Ausdruck, der als Friedefürst die Welt zum Schalom bringen wird.

Ich habe eben lediglich zwei Beispiele aus der Praxis erwähnt. Von ihnen können wir jedoch einiges lernen, das sich auf unzählige andere Friedensinitiativen anwenden lässt. Das erste Beispiel ist eine soziale Umsetzung der Versöhnung, das zweite ist eine Anwendung des wehrlosen Widerstands. Beide Modelle vereinen Widerstand und Wehrlosigkeit in gleicher Weise. In beiden Fällen ist das jeweilige Experiment eine Frucht des Evangeliums. In beiden Fällen besteht zudem die Möglichkeit, denen die (noch) nicht vom vollen Evangelium erfasst sind, einen neuen Weg zu zeigen, wie diese Friedensvision Gestalt annehmen kann. In dieser von Gott geschenkten Gelegenheit liegt dann aber auch die Gefahr, zu vergessen, dass es sich dabei um einen wesentlichen, aber letztlich auch nur partiellen Aspekt des umfassenden Friedens handelt, der von Gott ausgeht.

Wie sind Widerstand und Wehrlosigkeit nun zu integrieren? Unsere Antwort lautet: In mannigfaltiger Art und Weise. Wir können sogar behaupten, dass nur diejenigen, die Widerstand leisten, aufgefordert werden, wehrlos zu sein. Wohlgemerkt – sie sind damit nicht widerstandslos, denn auch ihre Wehrlosigkeit wird zum Widerstand. Ebenso klar müssen wir aber auch betonen, dass nur diejenigen, die in ihrem Widerstand wehrlos sind, wahrhaftig am Widerstand Gottes teilnehmen.[36]

Ich möchte nicht nur dieses letzte Kapitel, sondern das ganze Buch mit einigen Worten aus dem Hebräerbrief abschließen, die in passender und wunderbarer Weise die verschiedenen Dimensionen des Friedensauftrages der christlichen Gemeinde integrieren:

Jagt dem Frieden mit allen nach
und der Heiligung, ohne die niemand den Herrn schauen wird;
und achtet darauf, dass nicht jemand an der Gnade Gottes
Mangel leide.
(Hebräer 12,14f; Revidierte Elberfelder)

Anmerkungen

30 DIETRICH BONHOEFFER, *Nachfolge*. München: Kaiser, 1937, 13–27.

31 Vgl. HENRI J. M. NOUWEN, *Nimm sein Bild in dein Herz*. Freiburg: Herder, [16]2006. In diesem Buch über das Gleichnis des verlorenen Sohnes zeigt Nouwen, dass Rembrandt offensichtlich wusste, dass der Vater auch eine Mutter ist, zeigt sein Gemälde doch einen den Sohn umarmenden Vater, der sowohl eine männliche als auch eine weibliche Hand hat.

32 Vgl. dazu auch HANSULRICH GERBER, »Die Mennoniten weltweit – eine Friedenskirche in der Ökumene«, in RUDOLF DELLSPERGER/ HANS RUDOLF LAVATER (Hg.), *Die Wahrheit ist untödlich*. Bern: Simowa, 2007, 289–312.

33 Die Mennonitische Weltkonferenz (MWK) ist ein internationaler Zusammenschluss christlicher Gemeinschaften, die ihre Wurzeln in der radikalen Täuferbewegung des sechzehnten Jahrhunderts sehen. Heute zählt die MWK rund 1,5 Millionen Gläubige in ihren Migliedskirchen. Alle sechs bis sieben Jahre findet eine weltweite Versammlung statt.

34 Die Rede wurde in einem viersprachigen Berichtband zu dieser Konferenz veröffentlicht. MENNONITE WORLD CONFERENCE (Hg.), *Proceedings – Annales – Bericht – Anales*: Mennonite World Conference, XI Assembly, Strasbourg, July 24–29, 1984, 224–263. In englischer Sprache ist der Vortrag online zugänglich auf: www.cpt.org/publications/history.php.

35 SIDER bezieht sich an dieser Stelle auf Mittelamerika, die Philippinen und Südafrika.

36 Ich will hier auf die wichtige Doktorarbeit von LARRY MILLER, Generalsekretär der Mennonitischen Weltkonferenz, verweisen: *Christianisme et societé dans la première lettre de Pierre: histoire de l'interprétation, interprétation de l'histoire*. Universität Straßburg, 1995. Er argumentiert mit exegetischem Bezug auf den ersten Petrusbrief, dass Wehrlosigkeit und Widerstand zusammen gehören. Wehrlosigkeit ist da relevant, wo Nachfolger Christi durch Wort, Tat und Sein Widerstand geleistet haben, und wo sie sich gegenüber den Konsequenzen ihres Widerstands in einer gewaltsamen Welt wehrlos gezeigt haben.

Zum Autor

Thomas R. Yoder Neufeld ist *Associate Professor of Religious Studies (New Testament) and Peace and Conflict Studies* am *Conrad Grebel University College* der Universität Waterloo in Ontario/ Kanada (www.grebel.uwaterloo.ca).

Geboren 1947 in Winnipeg, Manitoba/Kanada, ist er in Österreich, Deutschland und der Schweiz aufgewachsen, wo seine Eltern Abe und Irene Neufeld sich einige Jahrzehnte im Gemeindebau engagierten.

Seine akademische Ausbildung absolvierte Thomas R. Yoder Neufeld in Nordamerika. Nach dem Besuch zweier *Biblecolleges* in Kalifornien und Manitoba studierte er zunächst Geschichte an der *University of Manitoba* und wechselte dann für weiterführende theologische Studien an die *Harvard Divinity School,* wo er mit einer Arbeit über Epheser 6 promovierte. Der Epheserbrief begleitete ihn von da an weiter und wurde zu einem geschätzten Weggefährten.

Er ist verheiratet mit Rebecca und Vater von zwei Kindern, David und Miriam. Vor seiner Lehrtätigkeit arbeitete Thomas Yoder Neufeld mit Ureinwohnern Kanadas, als Gemeindepastor sowie als Krankenhaus- und Gefängnisseelsorger. Als leidenschaftlicher Lehrer und Prediger ist er ein gern gesehener Referent in Gemeinden, bei Seminaren und Konferenzen.

Neben seiner wissenschaftlichen Tätigkeit pflegt Thomas Yoder Neufeld gerne seine künstlerische Ader als Sänger und Maler.

Buchveröffentlichungen

THOMAS R. YODER NEUFELD
Recovering Jesus
The Witness of the New Testament
Grand Rapids, Michigan: Brazos Press, 2007

THOMAS R. YODER NEUFELD
Ephesians
Believers Church Bible Commentary
Scottdale, Pennsylvania/Waterloo, Ontario: Herald Press, 2002

THOMAS R. YODER NEUFELD
»Put on the Armour of God!«
The Divine Warrior from Isaiah to Ephesians
Sheffield, UK: Sheffield Academic Press, 1997

Die Bücher in der Edition Bienenberg

THOMAS R. YODER NEUFELD

Christus ist unser Friede

Die Kirche und ihr Ruf zu Wehrlosigkeit und Widerstand

Broschur, 13,5 x 21 cm, 93 Seiten, ISBN 978-3-937896-24-3
Neufeld Verlag, Schwarzenfeld 2007

MARTIN FORSTER/HANSPETER JECKER (HERAUSGEBER)

Faszination Heiliger Geist

Herausforderungen charismatischer Frömmigkeit

Mit Beiträgen von Claude Baecher, Neal Blough, Vincent Fernandez, Martin Forster, Hanspeter Jecker, Pascal Keller, Andrea Lange, Arnold Neufeldt-Fast, Bernhard Ott, Heinrich Christian Rust, Louis Schweitzer, Michel Sommer, Lisa Stangl (Funck) und Peter Zimmerling

Broschur, 13,5 x 21 cm, 190 Seiten, ISBN 978-3-937896-13-7
Neufeld Verlag, Schwarzenfeld 2005

HANSPETER JECKER (HERAUSGEBER)

Jesus folgen in einer pluralistischen Welt

Impulse aus der Arbeit John Howard Yoders

Mit Beiträgen von Claude Baecher, Neal Blough, Frédéric de Coninck, Helmut Doerksen, Fernando Enns, Hanspeter Jecker, Andrea Lange, Mark Thiessen Nation und Matthias Zeindler

Broschur, 13,5 x 21 cm, 169 Seiten, ISBN 978-3-88744-700-7
Agape Verlag, Weisenheim am Berg 2001

WALDEMAR JANZEN

Werden, was wir sind

Biblische Menschenbilder und ihre Bedeutung für uns

Broschur, 13,5 x 21 cm, 73 Seiten, ISBN 978-3-88744-701-4
Agape Verlag, Weisenheim am Berg 2001